U0917243

知向谁边

——法律与政策之间的劳动关系

阎天 著

中国民主法制出版社

图书在版编目（CIP）数据

知向谁边:法律与政策之间的劳动关系/阎天著
.—北京：中国民主法制出版社，2022.1
ISBN 978-7-5162-2758-9

Ⅰ.①知… Ⅱ.①阎… Ⅲ.①劳动法—关系—劳动政策—研究—中国 Ⅳ.①D922.504 ②F249.20

中国版本图书馆 CIP 数据核字（2022）第 013547 号

图书出品人： 刘海涛
出 版 统 筹： 乔先彪
责 任 编 辑： 陈 曦 贾萌萌 袁 月

书名/ 知向谁边——法律与政策之间的劳动关系
作者/ 阎 天 著

出版·发行/ 中国民主法制出版社
地址/ 北京市丰台区右安门外玉林里 7 号（100069）
电话/（010）63055259（总编室） 63058068 63057714（营销中心）
传真/（010）63055259
http：//www.npcpub.com
E-mail：mzfz@npcpub.com
经销/ 新华书店
开本/ 32 开 880 毫米×1230 毫米
印张/ 8.25 **字数**/ 142 千字
版本/ 2022 年 1 月第 1 版 2022 年 1 月第 1 次印刷
印刷/ 北京中科印刷有限公司

书号/ ISBN 978-7-5162-2758-9
定价/ 56.00 元

献给笑岑

目录

绪论　法律的尽头是政策

本书探讨法律和政策在调整劳动关系时所扮演的不同角色，尝试回答如下问题：劳动法与劳动政策之间，存在怎样的联系？绪论分为三节，依次讨论为何研究这个问题（Why）、如何研究这个问题（How），以及初步的研究结论（What）。

一

为什么研究劳动法与劳动政策的关系？首先是因为当代中国劳动法的三次重要转向，都是以这一关系的变迁为动力。理解了劳动法与劳动政策的互动方式，就掌握了当代中国劳动法演进规律的密码。

当代中国劳动法的第一次重要转向，始自 1978 年邓小平提出制定工厂法和劳动法[1]，讫于 1995 年《中华人民共和国劳动

---

〔1〕 邓小平：《解放思想，实事求是，团结一致向前看（一九七八年十二月十三日）》，载《邓小平文选》（第二卷），人民出版社 1994 年版。

法》（以下简称《劳动法》）施行。劳动法从无到有，诞生在劳动体制改革的探索之中，履行了改革、开放和搞活政策的职能。政策的主要目标在于盘活劳动力资源，将之投入劳动市场，使之成为经济发展的重要助力。政策的主要手段是国家放权：赋予用人单位以用人自主权，赋予劳动者以自主择业权，以劳资合意代替国家管制，作为职场秩序的主要来源。正如《劳动法》之表述，就是要“建立和维护适应社会主义市场经济的劳动制度”（第1条）。这一阶段的劳动法更多的是作为“劳动力法”而存在，是把劳动力从劳动者分离出来并改造为市场要素的法律机制。

当代中国劳动法的第二次重要转向，始自《劳动法》的早期实施，讫于2008年《中华人民共和国劳动合同法》（以下简称《劳动合同法》）等三部劳动立法的施行。劳动法从简到繁，转变为构建和谐社会、推行和谐劳动关系政策的工具。政策的主要目标在于缓和劳资矛盾，使得劳动者公平享有发展成果，并且发挥扩大内需、拉动经济增长的间接作用。政策的主要手段是国家干预：在程序上确保劳资双方的公平缔约（如规定诚信协商义务、建立集体协商机制），在实体上确保劳动者工作的稳定和体面（如实施严格的解雇保护制度、提升劳动基准）。正如《劳动合同法》之表述，就是要“构建和发展和谐稳定的劳动关系”（第1条）。这一阶段的劳动法更多的是作为“劳动者法”而存在，是把劳动力还原到劳动者身上并承认为人格要素的法律机制。

当代中国劳动法的第三次重要转向，始自2008年全球金融危机，至今仍在进行。如果将前两次转向视作劳动法发展的正题和反题，那么新一次转向已经显露出合题的趋势。法律怎样将"劳动力"与"劳动者"两大主题统一于"劳动"？劳动法怎样才能既服务于经济政策，又服务于社会政策？看似相互矛盾的两极，必须在法律框架内合二为一，这种张力是最近十余年间中国劳动法发展变化的动力所在。其中，平台经济等新经济业态的崛起，一方面提供了大量就业机会，为经济发展注入了新动能；另一方面也深刻改变了职场的面貌，使得大量劳动者游离在劳动法的保护范围之外，这就不可避免地成为张力的释放点，也为劳动法提供了新的生长点。

回望当代中国劳动法的发展历程，既能清楚地看到政策驱动法律发展的逻辑，又能找到法律反思、约束乃至批判政策的痕迹。一部当代中国劳动法的历史，就是劳动法与劳动政策不断互动、共同生长的历史。理解历史、关照当下、展望未来，都需要解码法律与政策的辩证关系，这是本书写作的目的之一。

本书研究劳动法与劳动政策关系的另一个原因是：当代中国劳动法学的三次重要争论，都是以这一关系为焦点而展开的。理解了劳动法与劳动政策的互动方式，就把握了当代中国劳动法学的线索和脉络。

当代中国劳动法学的第一次重要争论，表面上的争点是《劳动法》的对人适用范围问题，实质上的焦点是劳动体制改革政策的推进节奏问题。[1] 第一种观点主张将《劳动法》所建立的新的劳动关系模式推广到全体劳动者，实现对人适用范围的"全覆盖"；第二种观点主张放慢改革步伐，仅在企业职工中适用《劳动法》；第三种观点则取折中立场，原则上支持改革的推进，但是尚未涉及诸如公务员、事业单位工作人员等改革的"深水区"，留待以后解决。最终，第三种观点获得立法的采纳。时至今日，劳动体制改革的任务仍未彻底完成，《劳动合同法》关于事业单位工作人员"依照本法有关规定执行"（第 96 条）的规定，以及《中华人民共和国公务员法》（以下简称《公务员法》）关于聘任制公务员的规定，都是进一步改革的动向，而争论也可能被再度激活。

当代中国劳动法学的第二次重要争论，表面上的争点是《劳动合同法》的保护对象问题，实质上的焦点是经济政策与社会政策在劳动法上的关系问题。[2] 一种观点主张劳动法单纯保护劳

---

〔1〕 参见李伯勇、张左己主编：《中华人民共和国劳动法讲座》，中国劳动出版社 1994 年版。
〔2〕 参见常凯：《劳权保障与劳资双赢：〈劳动合同法〉论》，中国劳动社会保障出版社 2009 年版；董保华：《劳动合同立法的争鸣与思考》，上海人民出版社 2011 年版。

动者的利益（“单保护”）；另一种观点主张劳动法同时保护劳资双方利益（“双保护”），部分学者还主张在“双保护”的基础上向劳方倾斜（“倾斜保护”）。围绕《劳动合同法》的大讨论成为当代中国劳动法学的高光时刻，也在很大程度上促进了全社会对这一学科的承认和关注。最终，“单保护”被写入立法目的，而关于劳动法是否及如何实施经济政策、《劳动合同法》是否妨碍经济发展的争论从未停息。〔1〕

当代中国劳动法学的第三次重要争论正在成形，表面上的争点是劳动法的公法和私法属性问题，实质上的焦点是劳动法要不要继续容纳劳动政策变迁的问题。一种观点主张劳动法是“特别私法”，提倡引入民法和劳动法教义学来周延劳动法的体系，“劳动法学研究应实现从法外视角向法教义学研究并重的转换”。这种观点可能将劳动法目前所承载的劳动政策固定化、教义化。〔2〕另一种观点主张劳动法是“特别公法”〔3〕，应从“政法关系”的法外视角研究劳动法。〔4〕这种观点希望保留劳动法包

〔1〕参见楼继伟：《中高速增长的可能性及实现途径》（2015 年 4 月 24 日在清华大学经济管理学院的演讲），http：//www. sem. tsinghua. edu. cn/news/xyywcn/TZ_ 69292. html，2021 年 7 月 21 日访问；王全兴：《供给侧结构性改革中〈劳动合同法〉修改问题的思考——兼对财政部部长楼继伟“三批”〈劳动合同法〉的回应》，载《工会理论研究》2016 年第 4 期。

〔2〕沈建峰：《劳动关系作为法律关系：兼论劳动法学研究的范式转换》，载《中国人力资源开发》2021 年第 4 期；沈建峰：《劳动法作为特别私法：〈民法典〉制定背景下的劳动法定位》，载《中外法学》2017 年第 6 期。

〔3〕邵六益：《劳动法学“去公法化”的知识反思》，未刊稿。

〔4〕类似视角的文章如冯象：《国歌赋予自由》，载《北大法律评论》2014 年第 15 卷第 1 期。

容劳动政策新变化的空间。这场争论并非法教义学与社科法学之争在劳动法学的简单投射，而是关系到劳动法与劳动政策如何互动，从而在一定程度上延续了前两次争论的主题。

回望当代中国劳动法学的发展历程，虽然学人有迭代、争点有变化，但是法律与政策的关系问题一直居于讨论的中心。这种现象不是偶然的，它反映了劳动法学界对于劳动法发展动力和演进规律的（即使是下意识的）认识。劳动法学既要面向实践、解读法律制度，又要面向学术、对接其他学科。对于法律与政策关系的研究，正是劳动法学对接行政法学、宪法学和法律理论的接口。这是本书研究该问题的最后一个原因。

法律与政策的关系问题是劳动法学与行政法学的接口。传统行政法学以行政行为的合法性审查为中心，与劳动法学鲜有交集；而当代行政法学增添了规制研究，引入了合理性审查，为与劳动法学展开对话提供了契机。绝大多数劳动政策都是对社会经济生活的某种规制，规制研究的框架不难带入劳动法与劳动政策的关系之中。本书第一章就探讨了这种带入的可行性。

法律与政策的关系问题也是劳动法学与宪法学的接口。劳动法学的诸多争论都涉及劳动法应当服务于哪些政策目标，而政策目标的体系恰恰由宪法设定。这意味着宪法学可以、甚至必须成为劳动法学争论的调解者。我在关于中国劳动宪法的专著中，将宪法为劳动法所设定的政策目标概括为生计、民主、平等、光荣和效率。[1] 本书关于比例原则的讨论也可以看作对于如何协调政策目标之间关系的探讨。

法律与政策的关系问题还是劳动法学与法律理论的接口。当代中国法律理论的重要争论发生在法教义学与社科法学之间，或者更宽泛地说，发生在"就法论法"与"法外说法"两种研究进路之间。如前所述，对待政策的态度是检验两种进路的试金石："就法论法"的进路较为排斥政策分析，至少不愿意对法律已经容纳的政策因素再作变动；而"法外说法"的进路则对政策分析持更为开放的态度。两种进路的争论，在相当程度上复刻了百年前发生在大洋彼岸的、法律形式主义与现实主义的论争。后者以合题而告一段落，而美国劳动法学正是诞生在合题之中。[2] 这为当代中国劳动法学的发展提供了足够的想象空间。

总之，法律与政策的关系问题是当代中国劳动法学的核心议程。它的学术地位不是人为提升的，而是理论对于实践的客观反映，也是法学各分支走向交融的大势所趋。多年来，劳动法与劳动政策的关系广受关注，但是鲜少获得集中的、正面的讨论。本书就尝试捅破这层窗户纸，谈谈"许多法官和律师先前都曾感受到，但又从来不曾细致琢磨透的问题"。[3]

---

〔1〕 阎天：《如山如河：中国劳动宪法》，北京大学出版社2022年版。
〔2〕 参见阎天：《美国劳动法学的诞生》，中国民主法制出版社2018年版。
〔3〕 苏力：《波斯纳及其他：译书之后》，北京大学出版社2018年版。

二

如何研究劳动法与劳动政策的关系？本书三管齐下，运用多种理论资源，以古今中外经验为参照，置于前沿场景之中加以解析。

上编将行政法学的理论和工具引入劳动法学，故名“理论与工具”。近年来，我国行政法学为了分析法律与政策的关系，从美国引入了一个理论即规制研究，从欧陆引入了一个工具即比例原则。它们都以政策为目的、以法律为手段，分析二者的关系。本编讨论这些理论和工具在劳动法上的适用。

——关于规制理论的讨论聚焦于其可适用性。规制理论在劳动法基本理论和个别劳动关系法上的运用已有尝试[1]，而在集体劳动关系法上的适用性基本没有被探讨过，第一章即填补这一空白。基本观点是：规制理论能否适用到集体劳动关系法学，主要取决于双方是否愿意且能够在概念和价值方面作出妥协。至于如何适用，还有待进一步的研究。

——关于比例原则的讨论聚焦于其适用方法。比例原则在劳动法上的可适用性已经没有什么疑问，本书尝试将比例原则运用

---

〔1〕 例如，钱叶芳：《“社会法法域说”证成——大陆法系和英美法系融合的一个例证》，载《法学》2017 年第 4 期；李娜：《守法作为一种个体性的选择——基于对建筑工人安全守法行为的实证研究》，载《思想战线》2015 年第 6 期。我曾尝试用规制研究的进路去分析农民工工资支付保障问题，相关成果尚不成熟，不收入本书。

到劳动法的两个具体领域：劳动规章和竞业限制。第二章涉及劳动规章问题，用比例原则来选择劳动规章法律定性的最佳方案。基本观点是：评价方案高下的标准是比例原则中的必要性原则，即是否以对用人自主权限制最小的方式来实现保障劳动权的政策目标。第三章涉及竞业限制问题，用比例原则来平衡两项立法政策：保护用人单位商业秘密，维护劳动者合法权益。基本观点是：不宜将在职竞业限制设定为劳动者的法定义务。[1]

中编将古今中外的经验引入劳动法学，故名“历史与比较”。历史与比较两个视角相互交织，能够形成包罗古今中外的宽广视野。同时，本书反对因循守旧和照搬照抄。实际上，古今之间、中西之间存在巨大张力，以至有“古今中西之争”的说法。[2] 正确的态度是“古为今用，洋为中用”。[3] 本编讨论“古”与“洋”在劳动法上的适用。

——第四章和第五章关注经济与劳动政策之间的张力及其对劳动法的影响。经济政策的核心是确保经济的持续增长，而中美两国的历史表明，劳动政策在绝大多数情况下都服务于经济政策，同时保持适度的批判性和反思性。作为劳动政策工具的劳动

〔1〕 我还曾将比例原则应用到就业歧视问题上，讨论差别对待措施的目的与手段的关系。阎天：《就业歧视界定新论》，载《行政法论丛》2008 年第 11 卷。此系少作，不收入本书。

〔2〕 参见甘阳：《古今中西之争》，生活·读书·新知三联书店 2006 年版。

〔3〕 我从古今中西之争角度对比较法研究的探讨，参见阎天：《比较法研究的三重境界——以平等就业法为样本》，载《中国法律评论》2019 年第 6 期。

法正是在这个意义上与经济政策联系起来，并且随着经济政策的演进而不断调整。

——第六章关注自由派与保守派政策之间的张力及其对劳动法的影响。自由派与保守派的对峙存在于许多国家的政坛，在美国则尤为典型和激烈，理解这一对峙是解读美国政治的一把钥匙。两派力量在几乎所有政策议题上都有交锋，而交锋的结果直接影响到美国对于工人运动和劳动法的态度。当代美国工会、工人运动和劳动法的同步衰落，能够从派系斗争中找到深层动因。

下编将职场生态的新因素引入劳动法学，故名“场景与节点”。平台经济等新业态的用工问题，以及大数据、算法和人工智能对于职场的影响，是近年来劳动法学乃至整个法学界的最大热点。为了防止前沿沦为俗套，本书努力将这些新的场景和节点与劳动法学的根本追问联系起来，一方面延展多年的学术讨论，另一方面形成真实的知识增量。

——第七章和第八章聚焦平台用工的规制问题。规制平台用工的核心困境在于平台用工“不完全”符合劳动关系从属性的认定标准。劳动法在引进和坚持从属性标准的同时，出于政策考量而不断突破这一标准，而近年来对平台用工的规制更是逐一尝试各种曾经出现过的突破方式，对于从属性概念本身的存废构成挑战。作为突破的重要行动者，基层法院“守正出奇”、坚守与突破从属性标准并重的思路和技艺值得肯定，但其是否适合获得突破权限则值得商榷。

——第九章聚焦算法对于劳动法的影响。传统算法在劳动管理中早有应用，真正对于劳动法构成挑战的是当代算法，其特征在于自主性与信息推测能力大幅提高。正是由于这些特征，传统劳动法上打击就业性别歧视的手段均告失灵，性别平等政策在职场遭遇全新挑战。有鉴于此，劳动法既要采取治标之策，更要回归公平分担生育成本的治本之道，才能够在算法时代继续履行政策工具的职能。

本书的结构可以总结为下表：

编	主题	章
上编　理论与工具	规制研究	一、规制研究的可适用性：以集体劳动关系法学为例
	比例原则	二、比例原则的应用（Ⅰ）：劳动规章法律定性方案的选择
		三、比例原则的应用（Ⅱ）：法定在职竞业限制义务的存废
中编　历史与比较	经济政策	四、中美供给侧结构性改革的劳动法内涵
		五、美国劳动法制的三次调整与启示
	派系政治	六、美国工会的当下困境与历史溯源
下编　场景与节点	平台用工	七、平台用工规制的历史逻辑
		八、平台用工规制的个案解析
	当代算法	九、女性就业中的算法歧视

三

关于劳动法与劳动政策的关系，本书的初步结论是：法律的尽头是政策。这既是一个实然的命题，也是一个应然的判断。它有两方面的含义：

一方面，穷尽法律是进入政策的前提。所谓穷尽法律，是指最大限度地通过解释法律来解决现实问题。不能在尚未穷尽法律的情况下就修法甚至弃法、向政策“逃逸”，这是本书各章虽未明言、但共同守护的底线。规制研究并不能替代以合法性审查为中心的传统行政法，而是要在传统行政法力所不及的合理性审查中发力，比例原则的着力点也在于此。经济政策只有在法律无法容纳时，才会推动变法，而美国的自由派和保守派更是处处将自己的政策诉求包装成“中立”的法律规定。平台用工的规制首先确立了从属性判断的法律框架，直到该框架无法包容政策考量时再做突破，而反歧视法也要在确定无法应对当代算法问题时才考虑修改。为了完成法律解释作业，法教义学当然是重要尽管并非唯一的知识资源。

另一方面，进入政策是穷尽法律的结果。所谓进入政策，是指运用政策来解决现实问题，并且根据政策需要来修改法律。这里的修改法律，既包括法律、法规、规章等的“立、改、废”，又包括判例制度下的推翻先例。不能在法律已经穷尽的情况下仍然拒绝“缘法入政”，也不宜给“以政代法”强行披上法律外衣，这同样是本书各章所共同得出的结论。政策不是无法无天，政策分析要遵循政治伦理，还可以运用比例原则等工具加以约束。法律的尽头不是专制，而是法律经过政策洗礼之后的重新出发。

如果法律的尽头是政策，就可以修改霍姆斯的名言：“法律的生命不仅是逻辑，而且是经验。”〔1〕霍姆斯曾经在《法律的道路》中提出三种研究方法的综合——逻辑的、历史的和现实的：

> 首先，是借助法理学根据现存的原理体系导出其最高程度的概括；其次，是从历史中发现它如何演变至今；而最后，是尽你所能去考虑，这些规则所试图达到的目的，追求这些目的的理由，为了获得它们放弃了什么，以及是否值得为它们付出这样的代价。〔2〕

概言之，要在理解逻辑的基础上，运用历史打破“逻辑从不

〔1〕这一修改来自宪法学者布鲁斯·阿克曼。Bruce Ackerman, *We the People*, *Volume* 3: *The Civil Rights Revolution*, The Belknap Press of Harvard University Press, 2014.

〔2〕［美］小奥利弗·温德尔·霍姆斯：《法律的道路》，载［美］小奥利弗·温德尔·霍姆斯：《霍姆斯读本：论文与公共演讲选集》，刘思达译，上海三联书店2009年版。

改变”的迷思[1]，再利用社会科学确定改变的方向。本书支持并努力将这种复合进路引入劳动法学，这也是写作本书的根本目的所在。

〔1〕 霍姆斯注重历史，但是并不同意让历史束缚当下，而是希望历史“解放”当下，即师古而不泥古。[美] 小奥利弗·温德尔·霍姆斯：《科学中的法律与法律中的科学》，载 [美] 小奥利弗·温德尔·霍姆斯：《霍姆斯读本：论文与公共演讲选集》，刘思达译，上海三联书店2009年版。

上　编
理论与工具

第一章　规制研究的可适用性：以集体劳动关系法学为例

过去数十年间，规制研究作为一个相对独立的法学思潮，与经济和社会领域的诸多部门法学发生交汇，展开对话乃至互构。这种交汇已然极大地改变了部门法学的面貌，为部门法学增添了新的研究议程、工具和进路；这种交汇也推动规制研究走向成熟，使其不但成长为行政法学的重要分支，而且在各部门法学之间发挥了黏合剂的作用，增强了法学作为学科的整体性。那么，这种交汇何以发生，有何表现？如何评价交汇，从中又能得到怎样的启示？交汇为规制研究和部门法学揭示了怎样的前景？这是本章致力于回答的主要问题。

为了回答这些问题，本章选择规制研究与美国集体劳动关系法学的交汇作为讨论的样本。规制研究发端于 20 世纪 80 年代，导源于美国政学两界对于规制弊端的反思。学者将社会科学方法特别是经济学方法引入法学，凝聚成一个与部门法学者既有交叉、又相对独立的群体。所谓集体劳动关系法，是指国家规制劳动者结成工会等组织，与用人单位展开谈判、罢工等形式的斗争和合作，订立和履行集体谈判协议，建立和维护职场秩序，实现劳资自治的法律。在历史上，美国集体劳动关系法学并没有像某些其他部门法学那样直接倒向规制研究，而是经历了从疏离到接触的态度转变；接触过程也并非全无保留，而是原则与妥协并存。这种复杂性有助于呈现出规制研究与部门法学的关系的多重面向。透过规制研究与美国集体劳动关系法学的交汇，可以更深入地理解两个学科的概念认知、价值基础和演进规律，进而可能推及其他国家和其他部门法学。

除引言和结语外，本章分为三个部分。第一部分和第二部分分别回溯规制研究与美国集体劳动关系法学之间关系的疏离期和接触期，每部分均分述双方的态度，探讨其表现和成因。第三部分对双方关系的全过程进行评估，从中寻找对于法学研究的启示，并以对这种关系的展望作结。

一、规制研究与集体劳动关系法学的全面疏离

在规制研究兴起以后的第一个十年，规制研究与美国集体劳动关系法学处于全面疏离状态，相互之间很少交流。造成这种状况的原因是双方面的：从规制研究一方来说，对规制概念的理念、对美国国情的认识，加上对辩论话术的考虑，都阻止了学者将集体劳动关系法学当作重要的论证范例；而从集体劳动关系法

学一方来说，学者与规制研究不仅存在概念之争，更存在难以调和的价值对峙，导致他们很难将规制研究的方法引入自身学科领域。

（一）规制研究的疏离态度

依照常理揣度，规制研究对于集体劳动关系法学应当会产生相当的兴趣。集体劳动关系是美国政府最早介入和规制的重要社会问题之一。国家建立专门的规制机构——国家劳动关系委员会，聘请专业人士出任委员，赋予委员会规则制定权和纠纷解决权，这些规制举措都为后来的许多规制项目所借鉴。〔1〕规制研究与美国劳动法学的另外两个支柱——个别劳动关系法学和反就业歧视法学——也都建立了广泛而深入的互动。〔2〕在这种背景下，规制研究对于集体劳动关系法学的疏离态度显得尤为醒目。虽然规制研究的代表学者如布雷耶、桑斯坦等人都曾在著作中提及集体劳动关系〔3〕，但是他们论证核心观点的例证往往来自环境、资源等规制领域。〔4〕集体劳动关系法学散见于规制研究文

---

〔1〕参见阎天：《美国劳动法学的诞生》，中国民主法制出版社2018年版。

〔2〕桑斯坦曾以职业安全和健康管理局为例，计算规制每拯救一条生命所需的成本，以此为据研究规制的正当性问题。参见［美］凯斯·R. 桑斯坦：《权利革命之后：重塑规制国》，钟瑞华译，中国人民大学出版社2008年版。个别劳动关系法学者与规制研究学者合作发文也并非个例，参见 Ian Ayres & Stewart Schwab, *The Employment Contract*, 8 Kan. J. L. & Pub. Pol'y 71 (1998).

〔3〕参见［美］史蒂芬·布雷耶：《规制及其改革》，李洪雷等译，北京大学出版社2008年版。

〔4〕例如，桑斯坦在《权利革命之后：重塑规制国》一书中的主要例证取自“对环境、职业安全和健康、广播电视以及歧视的规制”。参见［美］凯斯·R. 桑斯坦：《权利革命之后：重塑规制国》，钟瑞华译，中国人民大学出版社2008年版。

献的各个角落，从未获得整体性的回应。

规制研究疏远集体劳动关系法学的原因何在？虽然学者从未明言，但是从规制研究的开山之作布雷耶的《规制及其改革》一书中，可以爬梳出答案的若干线索。[1] 规制研究对于集体劳动关系法学的冷淡态度主要源自三个方面的因素：

一是对规制概念的理解。布雷耶不想把规制扩张到与政府对社会经济的干预同义的程度，试图给规制的概念设定某些界限，而集体劳动关系法恰恰处于界限之外，至少也与中心相去甚远。其一，布雷耶将"规制性"不足的政府干预措施排除出了规制的概念。"规制性"是指以政府干预替代市场主体自治，而集体劳动关系法学却主张以劳资集体自治作为职场秩序的基础，国家更多通过促进自治的方式间接干预劳资关系，而不是通过摧毁自治的方式来直接干预，这就构成了"规制性"的不足。其二，布雷耶将"经济性"不足的政府干预措施排除出了规制的概念。当代规制研究普遍采用经济性与社会性规制的二分法，而经济性规制历来是规制研究的核心。因为，经济性规制的目标——经济效率——明确且可度量，而社会性规制的目标往往不够清晰，更不易度量；经济性规制有明确的替代性机制——市场，而社会性规制则没有；社会性规制往往牵涉某些人文价值，如果加以改

〔1〕 除非特别说明，本部分布雷耶的观点均引自［美］史蒂芬·布雷耶：《规制及其改革》，李洪雷等译，北京大学出版社2008年版。

革，就可能被指责为缺乏人文关怀。[1] 这就将集体劳动关系法这种典型的社会规制推离规制研究的视线。其三，布雷耶将若干规制手段界定为“经典规制”，将包括谈判在内的其他手段理解为“经典规制”的替代措施，而集体劳动关系法学却主张以劳资集体谈判作为建立职场秩序的主要手段，要求国家将大部分力量投入促进谈判当中。在布雷耶之后，对规制概念的理解继续阻碍规制研究关注集体劳动关系法学。例如，英国学者奥格斯认为，法律设定“不可转让的权利”并不属于一种规制措施，因为“在确保与特定目标的一致上，国家并没有扮演主动的或积极的角色”。[2] 而集体劳动关系法的基石之一，就是工会不得代劳动者向资方转让某些权利，例如，通过司法手段寻求救济的权利。通过不断给规制的概念设定新限制，规制研究与集体劳动关系法学之间的障碍越来越多。

二是对美国国情的认识。规制研究的议程并非学者们所制定，而是对规制改革这一政治议程的回应。集体劳动关系问题虽然一度占据国家政治舞台的中心，但是自 20 世纪 60 年代起，美国工人运动持续衰落，工会覆盖率不断走低。20 世纪 70 年代后期，尽管民主党同时控制了总统职位和国会两院，但是集体劳动

〔1〕 See Philip J. Harter, *Book Review*, 67 Minn. L. Rev. 1065 (1983).

〔2〕 [英] 安东尼·奥格斯：《规制：法律形式与经济学理论》，骆梅英译，中国人民大学出版社 2008 年版。

关系法的改革动议仍然落空，导致人们对改革普遍绝望。20 世纪 80 年代初，里根上台之后立即采取断然手段，弹压了全国空管员大罢工，沉重挫败了工会的气势。工人运动从此一蹶不振[1]，集体劳动关系也移出了规制改革的议程，自然难入规制研究者的视野。规制研究的兴起与保守主义在美国社会的日益高涨几乎是同步的，而保守主义在诸多方面与集体劳动关系法不相容。正如布雷耶所指出的，“谈判能力的不平等”虽然可以论证规制的正当性，却在美国并不常用，这无疑是崇尚自由压过平等的保守主义意识形态发挥作用的产物。[2] 而劳资谈判能力的不平等正是论证劳方应当结社对抗资方的关键论据，舍此则整个集体劳动关系法学将失去依托。作为一个实用主义者，布雷耶甚至可能把集体劳动关系法学当成麻烦和包袱，担心劳动法学者激怒保守力量，诱发后者阻碍规制改革的进程。

三是对论辩话术的考虑。在规制研究的新创时代，周边学科特别是政治学对于规制持有很不友好的态度。政治学家倾向于用管制俘获和利益集团理论来解释规制产生的原因，否定了“规制为实现公共利益而生”的观点，也否定了规制存在的正当性。布雷耶的立场是改革而非废除规制，就如桑斯坦的立场是重塑而非

〔1〕 参见［美］艾伦·海德：《劳动法理念这回事：一则寓言》，阎天译，载《社会法评论》2021 年第 7 卷；阎天：《供给侧结构性改革的劳动法内涵》，载《法学》2017 年第 2 期。

〔2〕［美］史蒂芬·布雷耶：《规制及其改革》，李洪雷等译，北京大学出版社 2008 年版。

摧毁规制国。[1] 为了避免与政治学家正面交锋，布雷耶将规制研究限定在规范主义的立场上，只考虑如何将规制的目标和手段更好地匹配起来，而不去质疑规制本身。[2] 不巧的是，集体劳动关系法正是政治学家用来论证管制俘获和利益集团存在的例子。他们主张作为规制对象的工会反过来俘获了规制者，使得集体劳动关系法的制定和实施都偏向自己；工会作为重要的利益集团，在游说规制立法时所促进的并非公共利益，而是工会及其会员的利益。[3] 如果过多谈论集体劳动关系，将不可避免地卷入一场竭力回避的纷争，这大概是规制研究学人三缄其口的原因。

（二）集体劳动关系法学的疏离态度

与规制研究对集体劳动关系法学的顾虑和疏远相似，集体劳动关系法学对规制研究也缺乏热情。一个典型的例子是关于强制雇主披露信息的研究。在集体劳动关系法上，雇主负有善意谈判义务，其内容之一是要向谈判对手即工会披露若干信息。诸如工资福利等与工会所代表的员工利益直接相关的信息，应当以披露为原则、以不披露为例外；反之，涉及工会所代表的员工以外的

---

〔1〕 See Frank H. Easterbrook, *Book Review*, 90 J. Polit. Econ. 1300 (1982).

〔2〕 参见［美］史蒂芬·布雷耶：《规制及其改革》，李洪雷等译，北京大学出版社2008年版。

〔3〕 例如，奥格斯曾引述公共选择理论的论断：与消费者权益组织之类代表公共利益的组织相比，诸如工会、生产者组织之类代表局部利益的组织更能克服集体行动的困境，更能对立法产生影响，以至于“规制是产业所要求的并主要为其利益而设计和运作的”。［英］安东尼·奥格斯：《规制：法律形式与经济学理论》，骆梅英译，中国人民大学出版社2008年版。译文将工会（trade union）误作“贸易联盟”。

第三方的信息，以不披露为原则、以披露为例外。[1] 这一规定的目的是缓解集体谈判双方的信息不对称，防止工会一方由于缺少相关信息而居于劣势地位。集体劳动关系法上的这些规定与规制研究的热门议题——信息规制——可谓高度契合。规制研究指出，信息规制可以服务于分配性的目标，强制信息披露有助于增进社会弱势群体的福利。[2] 然而，集体劳动关系法学却并没有就此与规制研究展开对话。这一点尤其表现在集体劳动关系法学的代表学者萨缪尔·伊斯特莱彻（Samuel Estreicher）身上。1993 年，伊斯特莱彻发表了自己的代表作，提出了改革集体劳动关系法的方案，其中专门讨论了如何改进立法以鼓励劳方与资方共享信息，却并没有谈及规制研究的任何成果。[3] 耐人寻味的是，当学术焦点从向工会披露信息转移到向员工披露信息、从集体劳动关系法转向个别劳动关系法之后，劳动法学界就毫无障碍地参考了信息规制的研究成果。[4]

集体劳动关系法学疏远规制研究的原因何在？疏离是双向的，两个学科对于彼此的顾虑也有相似之处。双方都认为，“规

---

〔1〕 See Samuel Estreicher & Matthew T. Bodie, *Labor Law*, Foundation Press, 2016.

〔2〕 参见［英］安东尼·奥格斯：《规制：法律形式与经济学理论》，骆梅英译，中国人民大学出版社 2008 年版。

〔3〕 Samuel Estreicher, *Labor Law Reform in a World of Competitive Product Markets*, 69 Chi. -Kent L. Rev. 3（1993）.

〔4〕 例如，在其关于信息披露的文章开篇之处，集体劳动关系法学者东林馨即引用了规制研究学者桑斯坦的成果。See Cynthia Estlund, *Just the Facts: The Case for Workplace Transparency*, 63 Stan. L. Rev. 351（2011）.

制”与“集体劳动关系”在概念层面存在不可调和的分歧。前文指出，在布雷耶看来，规制与自治、规制与谈判之间都是替代关系；而在集体劳动关系法学看来，如果劳资集体自治和集体谈判被替换掉，就从根本上背离了学界对于集体劳动关系的设想。美国劳动法学的创始人阿奇博德·考克斯（Archibald Cox）曾经这样描述整个设想：集体谈判是“工业自治政府的机制”，《华格纳法》等立法及法院判例构成这一政府的“宪法”，集体谈判协议是“立法”，而申诉和仲裁程序则是“行政和司法裁判庭”。[1] 如果与规制研究联合的前提是摒弃整个构想，集体劳动关系法学断然无法接受。

除了概念之争以外，集体劳动关系法学与规制研究之间更存在价值之争。正像布雷耶所坦承的那样，规制或者说“干预的正当化根据在于人们所宣称的市场在处理特定结构性问题上的无能”[2]，也就是市场失灵。规制研究所关注的规制目标几乎都可以归结到矫正市场失灵、实现资源配置效率最大化上；超出这一范围的其他规制目标即使获得承认，也处于非常边缘的状态。例如，规制学者西德尼·A. 夏皮罗（Sidney A. Shapiro）和约瑟夫·P. 托梅因（Joseph P. Tomain）在合著的教材当中，用16页的篇幅论述了规制的经济目标，即矫正市场的缺陷；而讨论非经

---

〔1〕 阎天：《美国劳动法学的诞生》，中国民主法制出版社2018年版。

〔2〕 ［美］史蒂芬·布雷耶：《规制及其改革》，李洪雷等译，北京大学出版社2008年版。

济目标的内容只有 4 页，其中就包括“改善财富的分配”和“让交易服从于集体价值”这两个明显可以适用于集体劳动关系法的目标。两位学者进一步指出，规制的经济目标与非经济目标之间可能存在冲突，追求非经济目标可能降低市场运行的效率，这使得两类目标之间的选择充满对抗，具有高度的政治性。〔1〕不难设想，规制研究的选择偏向经济目标，而集体劳动关系法学的选择偏向非经济目标。出身批判法学的集体劳动关系法学者艾伦·海德（Alan Hyde）颇为辛辣，他在批评一些人将集体劳动关系法学归入规制研究的一支——新治理论（New Governance）——时断然宣称：“某些法律学者通过修炼某种法学院的瑜伽，将自己从一切道德和政治的承诺中解脱了出来，而新治理论似乎就是对这些学者的某种神秘崇拜。而其他人仍然服膺道德和政治承诺，他们身躯过分‘僵硬’，无法加入‘柔韧’的新治理论瑜伽者之列。”〔2〕换言之，集体劳动关系法学所服膺非经济目标具有道德性，包括新治理论在内的规制研究却压制这些目标，这在海德看来无异于“缺德”。两个学科的握手言和可谓困难重重，遥遥无期。

〔1〕 See Sidney A. Shapiro & Joseph P. Tomain, *Regulatory Law and Policy*: *Cases and Materials* (3rd *ed.*), LexisNexis, 2003.

〔2〕［美］艾伦·海德：《劳动法理念这回事：一则寓言》，阎天译，载《社会法评论》2021年第7卷。

二、规制研究与集体劳动关系法学的局部接触

第一个十年的疏离之后，规制研究与集体劳动关系法学出现了接触的迹象。接触围绕回应型规制（responsive regulation）理论展开：规制研究者在构建该理论的过程中率先释放出态度转变的信号，将集体劳动关系用作其核心观点——三方制——的论证依据；集体劳动关系法学人继而回应，吸收该理论的不同元素，提出了集体劳动关系的新构想。双方的接触虽然各有目的，但都是出自现实政治的考量。现实的压力迫使双方在概念和价值层面各自做出妥协，缓解了彼此的对立，为接触开辟了空间。

（一）规制研究的态度转变

从20世纪90年代开始，规制研究对集体劳动关系法学的态度发生了局部变化。以伊恩·艾尔斯（Ian Ayres）和约翰·布莱斯维特（John Braithwaite）创立的回应型规制理论为代表，集体劳动关系成为规制研究的重要对象，集体劳动关系领域的发展被规制研究采纳为论证核心观点的依据。1992年，艾尔斯等发表了《回应型规制》一书，尝试对传统的规制理论加以修正。[1] 传统的规制架构有两个特点：一是双方制，规制者与规制对象在结构上分离，呈对峙态势；二是命令—控制机制，规制

〔1〕 除非特别说明，本部分艾尔斯等人的观点均引自 Ian Ayres & John Braithwaite, *Responsive Regulation: Transcending the Deregulation Debate*, Oxford University Press, 1992.

者居于主动一方并发号施令，而规制对象居于被动地位，与规制者之间缺乏交流和反馈。这两个特点正是回应型规制的改革对象。命令—控制机制过分僵化，无法适应各个规制对象的不同特征；由于沟通的匮乏，规制者无法切实引导和激励规制对象采取合规举措；片面强调对抗的结构也使得执法中的冲突增多、成本高企。为了解决这些问题，回应型规制主张不能只搞惩罚，而是要说服与惩罚并用。规制者和规制对象应当在执法过程中保持不断的沟通。通过沟通，可以甄别出具有守法意愿的对象，执法者对他们以说服为主，从而降低执法成本；而对缺乏守法意愿的对象则加重惩罚，震慑其违法意图。甄别的依据是对象愿意为违法付出的代价，为此，规制者应当遵循从轻到重的顺序，从所谓惩罚手段金字塔的底端开始，逐级向上选择惩罚手段，确保守法的努力能够换来惩罚的减轻。

在回应型规制的理论构想之中，充分的沟通是说服与惩罚并用能够奏效的关键。离开了沟通，就无法判断执法对象的守法意愿，更无法确定合适的执法手段。然而，双方在沟通过程中频繁接触，规制对象由此获得了“俘获”规制者的机会。腐败将导致规制者沦为维护规制对象利益的工具。为了避免“俘获”，艾尔斯等主张建立三方制，引入独立第三方监督执法过程的透明和清廉。可以充当第三方的既包括非政府组织，也包括规制对象内部的组织（如工会）。除了防止“俘获”以外，建立三方制还可以增进民主。受到规制影响的除了规制对象，还有其他利益相关者；而这些利益相关者过于分散，可能导致规制对象接受规制、而代价却由利益相关者承受的问题。三方制给予利益相关者参与权，让他们与规制对象平等沟通，决定如何应对规制，这本身就是一种决策民主。

为了论证三方制的可行性，规制研究学者所举出的关键证据正是集体劳动关系。美国职业安全与健康管理局设立了合作守法项目，在企业中建立由政府、劳方和资方代表共同组成的三方制安全委员会，其中劳方代表通常由工会指派。实证研究表明，对于大部分涉及工伤和职业病的简单案件，各方无须援引法律即可协商结案，无须诉诸外部干预；而对于无法达成共识的案件，双方也都有较高的依法办事的意愿，较少发生到法院挑战执法的现象。这既减少了资方买通执法者损害劳动者的工伤和职业病待遇的问题，又提高了执法的效率，减少了劳资之间、企业和执法者之间的矛盾，降低了执法成本。通过三方制，集体劳动关系与规制联系起来，前者成为后者减少腐败、提高效率、增进民主的工具；也是通过三方制，集体劳动关系法与个别劳动关系法联系起来，前者成为促进后者实施的手段。

回应型规制理论之所以能够接纳集体劳动关系法学，是因为它对规制的概念和价值进行了重构。在规制的概念方面，回应型规制理论改变了双方制的结构预设，建立了三方制，这让规制的概念得以包容工会等第三方机构；在规制的价值方面，它改变了市场效率作为单一价值追求的局面，引入了民主，这让规制的目标函数得以与集体劳动关系法相兼容。那么，回应型规制理论又是因何而起呢？规制研究为什么要展开这样一场自我革命？根本原因在于新理论更加符合美国的国情。罗斯福新政以后，规制国家快速兴起；自20世纪70年代以降，去规制的呼声日渐高涨；到了20世纪90年代初，规制与去规制的观点形成僵局。艾尔斯等人认为，时代的主题既不是规制，也不是去规制，而是规制、去规制与再规制的混合。他们将这种状态描述为规制波动，并且从历史中找到了规制波动的证据：20世纪70年代初，尼克松虽然立场保守，却推出了包括职业安全与健康规制在内的大量规制项目；继任者卡特虽然来自新政的发起者——民主党，却大刀阔斧地减少了航空、铁路、金融等经济领域的规制；他的继任者里根虽然被贴上了新自由主义的标签，所采取的去规制措施却没有卡特那么激进，以至于有学者断言“去规制已经失败”。每位总统都兼有支持和反对规制的侧面，这就是“波动”的含义。在“波动”已经成为常态的前提下，单纯主张规制或者去规制都有失偏颇，反而是在二者之间寻求“中道”更加符合现实。正如艾尔斯等人在《回应型规制》一书的副标题中所言，他们的目的就是要“超越关于去规制的争论”。回应型规制就是这样一种将规制与自治（去规制）结合在一起的规制方案。

在中道理念的指引下，回应型规制理论进一步论证了建立三方制和引入民主价值的意义，从而为接触集体劳动关系法学扫清了障碍。在三方制问题上，有人认为引入工会之类的第三方没有价值，这是因为，如果国家采取去规制政策，相当于站到资本一边，那么劳动者即使有工会帮助也对抗不了资本；而如果国家采取规制政策，相当于站到劳动者一边，那么劳动者即使没有工会帮助也足以对抗资本。以中道理念视之，这种观点是不正确的，因为国家的真实政策取向介于规制与去规制之间，所以工会的介入恰恰是有意义的。正如艾尔斯等所言，工会构成对业界（资本）权力的真实制约。在民主问题上，中道理念下的国家既不应当采取去规制的立场，对民主价值放任不问；也不应当采取重规制的态度，以规制替代民主决策；而是应当采取所谓社会民主国家的立场，"一方面积极对财富加以再分配，为市场发挥力量创造条件；另一方面积极对参与权加以再分配，为民主发挥力量创造条件"。[1] 而集体劳动关系法本身就是通过赋予劳动者参与权来实现职场民主的机制。规制研究与集体劳动关系法学的联合呼之欲出。

（二）集体劳动关系法学的态度转变

规制研究的态度转变获得了集体劳动关系法学界的回应。自

---

〔1〕 Ian Ayres & John Braithwaite, *Responsive Regulation: Transcending the Deregulation Debate*, Oxford University Press, 1992.

21世纪初开始，以东林馨（Cynthia Estlund）和大卫·杜雷（David Doorey）为代表的一部分集体劳动关系法学者运用回应型规制理论，重新构想职场秩序。东林馨的设想主要吸收了回应型规制理论中的三方制因素，被命名为“有监督的自我规制（monitored self-regulation）”；而杜雷的构想主要吸收了回应型规制理论中说服与惩罚并用的因素，被命名为“回应型职场法（responsive workplace law）”。

与艾尔斯等人一致，东林馨的论证起点也是规制与去规制之争。只不过在职场当中，这一争论呈现出更加复杂的样态。19世纪末20世纪初，劳动法曾经严厉束缚工人运动，这导致规制在劳动领域名声不佳。新政时代制定的集体劳动关系法主张劳资集体自治，去除规制，被冠以“集体自由放任”之名，而规制的功能被局限在保障自治格局不被颠覆上。20世纪60年代以后，工会不断衰落，自治范围缩窄，维护劳动者利益的希望被转而寄托在规制上，由此催生了以国家直接干预劳动力市场为特征的个别劳动关系法。重要立法包括：打击职场歧视的《1964年民权法》，保护劳动者身心健康的《职业安全和健康法》，维护关厂企业职工利益的《劳工调整与通知限制法》，监管职工养老基金运营的《雇员退休收入保障法》，赋予职工休假权限的《家事和医疗假法》等。在去规制的大潮之下，工作场所规制的发展成为醒目的例外。20世纪80年代以后，例外有动摇的趋势，国家开始尝试用放松规制换取用人单位主动采取合规措施，这被称为“自我规制”（self-regulation）。例如，法院将合规措施认定为免责事由，而行政机关则推出合作守法项目，前文所述艾尔斯等人所研究的职业安全与健康守法项目即为一例。[1] 回望过去的一个世纪，劳动关系领域经历了规制—去规制—再规制—再去规制的复杂演进；而在第二次轮回中，集体劳动关系法几乎完全缺席。怎样在职场当中开辟规制与去规制之间的中道？集体劳动关系法在新的道路上又将扮演何种角色？这是东林馨的理论所致力于回答的问题。

在东林馨看来，所谓中道，就是在自我规制之外引入第三方监督，建立“有监督的自我规制”。这无疑是回应型规制理论中三方制的职场翻版。三方制在劳动法上并不是什么新事物。早在20世纪初，劳动法研究的先驱约翰·康芒斯（John Commons）和路易斯·布兰代斯（Louis Brandeis）等人就设想和实践过三方制。1911年，根据康芒斯的建议，威斯康星州建立了工业委员会，这是美国第一个由政府建立的三方制纠纷解决机构，由资方和工会各出一人，加上一名代表公共利益的公众代表，共同处理重大劳资争议。[2] 时至今日，三方制还是包括国际劳工组织在

---

〔1〕 See Cynthia Estlund, *Rebuilding the Law of the Workplace in an Era of Self-Regulation*, 105 Colum. L. Rev. 319 (2005).

〔2〕 参见阎天：《美国劳动法学的诞生》，中国民主法制出版社2018年版。

内的许多劳动法相关机构的组织原则。[1] 而东林馨的三方制与康芒斯有两点重要不同：其一，国家的角色发生变化，从作为三方之一的谈判者地位，转变为针对资方的规制者以及资方自我规制的激励者[2]；其二，劳方的构成发生变化，从工会垄断劳方代表权限，转变为工会或其他劳动组织与劳动者个人分工协作。在这种协作当中，一方面，工会以外的劳动组织如劳工中心只要能够独立于资方，且对劳动者和公众负责，就可以担当起代表劳动者的职责；另一方面，劳动者个人不能完全指望代表维权，而要积极发挥检举、传递信息和日常监督的作用，支持代表的工作。本来工会可以单独胜任第三方监督的职责，然而考虑到工会长期不振，只能将工会的职责一分为二，由新的劳动组织与劳动者个人分担，才能够起到和工会类似的效果。东林馨希望，新的劳动组织能够帮助劳动者克服对资方报复的恐惧，还可以解决劳动者集体行动的难题。[3]

东林馨的理论在集体劳动关系法的理论和实务界都引起了反响。在理论层面，有学者在欧洲法上寻得了该理论的同道，以欧

---

〔1〕 参见国际劳工组织官方网站对该组织“三方制构成”的简介：https：//www. ilo. org/global/about-the-ilo/who-we-are/tripartite-constituents/lang--en/index. htm，2021 年 3 月 5 日访问。

〔2〕 东林馨指出，国家为了激励资方实施自我规制，应该借鉴回应型规制理论中关于说服与惩罚并用的策略。See Cynthia Estlund, *Rebuilding the Law of the Workplace in an Era of Self-Regulation*, 105 Colum. L. Rev. 319 (2005).

〔3〕 See Cynthia Estlund, *Rebuilding the Law of the Workplace in an Era of Self-Regulation*, 105 Colum. L. Rev. 319 (2005).

洲经验佐证该理论的实用性。[1] 更为重要的研究则指出了东林馨理论的弱点，即作为第三方的“私营公益组织”（private, public interest organization）可能滥用其所获得的授权，还可能被作为规制者的公共机关以资助手段加以控制，变得不再独立。[2] 尽管如此，学者们仍呼吁扩大该理论在实践上的运用，例如将之运用于保护家政工人和管理社会企业[3]，甚至借鉴该理论来改造整个美国集体劳动关系法。[4] 近年来，确有个案借鉴了东林馨的“有监督的自我规制”，其中的企业管理实践至少具备了该理论的某些特征，而效果则好坏不一。观察者总结称，在美国国内，哪怕最有抱负的尝试也至多只能算是喜忧参半：由于缺乏透明度和有效的惩戒措施，以及员工不愿意向工会以外的第三方报告情况，企业违规现象仍很普遍。[5] 而在美国以外，国际劳工组织还支持诸如“改善约旦职场”（Better Work Jordan）等非政府组织充当所在国劳动监管的第三方，以期消解所在国工会羸弱

---

〔1〕 See Matthew Dimick, *Labor Law, New Governance, and the Ghent System*, 90 N. C. L. Rev. 319 (2012).

〔2〕 See Andrew Elmore, *Collaborative Enforcement*, 10 Ne. U. L. Rev. 72 (2018).

〔3〕 See Elizabeth J. Kennedy & Michael B. Runnels, *Bringing New Governance Home: The Need for Regulation in the Domestic Workplace*, 81 U. M. K. C. L. Rev. 899 (2013); Elizabeth J. Kennedy, *When the Shop Floor is in the Living Rooms: toward a Domestic Employment Relationship Theory*, 67 N. Y. U. Ann. Surv. Am. L. 643 (2012); Brett H. McDonnell, *From Duty and Disclosure to Power and Participation in Social Enterprise*, 70 Ala. L. Rev. 77 (2018).

〔4〕 See Kenneth G. Dau-Schmidt, *Promoting Employee Voice in the American Economy: A Call for Comprehensive Reform*, 94 Marq. L. Rev. 765 (2011).

〔5〕 See Kate Andrias, *The New Labor Law*, 126 Yale L. J. 2 (2016).

的负面影响，其实际效果与美国国内差别不大。[1]

与东林馨关注三方制相比，杜雷的关注点更多放在回应型规制理论的另一支柱，即说服与惩罚并用的机制。作为加拿大学者，杜雷发现了美国与加拿大劳动法的共同任务即寻求中道。他认为，加拿大政坛对劳动法的主流看法是“管理主义”的：既反对无条件支持工会的多元主义观点，又反对无条件打击工会的新古典主义观点。那么，怎样调和对工会的两种态度呢？杜雷的方案很有创意，他主张规制者通过不断试探，逐步将用人单位区分为两类：对于守法意愿强的单位，可以逐渐降低规制强度，不鼓励在其内部建立工会；而对于守法意愿差、屡次违法违规的企业，不但要逐渐提升规制强度，而且要限制其阻止员工成立工会的权利，鼓励集体谈判。[2] 杜雷主张对规制对象加以分类对待，这种观点取自回应型规制理论；而将组建工会和集体谈判当作一种惩罚措施则是他本人的创见，杜雷认为这有利于工会的复兴，但是引起了争议。[3]

如果说集体劳动关系法学曾经对规制研究态度疏离的原因在于概念和价值之争，那么，集体劳动关系法学的态度转变则源于

---

〔1〕 See Kevin Kolben, *Dialogic Labor Regulation in the Global Supply Chain*, 36 Mich. J. Int'l L. 425 (2015).

〔2〕 See David J. Doorey, *A Model of Responsive Workplace Law*, 50 Osgoode Hall L. Rev. 47 (2012).

〔3〕 See Jedidiah J. Kroncke, *The False Hope of Union Democracy*, 39 U. Pa. J. Int'l L. 615 (2018); Cynthia Estlund, *Labor Law Reform Again? Reframing Labor Law as a Regulatory Project*, 16 N. Y. U. J. Legis. & Pub. Pol'y 383 (2013).

概念和价值上的妥协，而妥协的动因是实用主义的。由于工人运动的衰落，集体劳动关系法学已经到了生死存亡关头，作为生存策略的妥协几乎是不可避免的。根据美国政府的统计，截至2019年，私人部门受薪劳动者加入工会的比例已经跌至6.4%，集体劳动关系日益沦落为特定地域、特定职业，乃至特定性别和种族的现象[1]，集体劳动关系法则在最高法院的连续打击下不断衰落。[2] 在经受过法律现实主义洗礼的学者看来，美国集体劳动法学不应当潜心于法律的内部逻辑和教义研究，而是必须正视现实，为集体劳动关系法寻找生路。否则，法律的实践衰落不堪，法律的理论却欣欣向荣，该是多么讽刺的情形![3] 尤为重要的是，集体劳动关系法学所坚守的内容——以工会为代表的集体自治、以民主为代表的价值追求——不仅为资方所不容，为政客所冷淡，更为劳动者所抛弃；在这种情况下，一味的坚持已然失去意义，随之而来的便是妥协。

首先是概念的妥协。东林馨和杜雷都不再坚持规制与集体自治非此即彼的思维模式，而是承认二者的结合；东林馨甚至走得更远，认为规制和集体自治还能够与资方的自我规制结合起来，

---

〔1〕 Bureau of Labor Statistics, *News Release: Union Members* - 2018, released on January 18, 2019, https://www.bls.gov/news.release/pdf/union2.pdf, 2021年3月5日访问。

〔2〕 See Julius G. Getman, *The Supreme Court on Unions: Why Labor Law is Failing American Workers*, ILR Press, 2016.

〔3〕 艾伦·海德指出："劳动法的每一个失败，都成为劳动法理念的成功。"［美］艾伦·海德：《劳动法理念这回事：一则寓言》，阎天译，载《社会法评论》2021年第7卷。

而所谓自我规制在传统的劳动法学者看来无异于资方专制的委婉说法。正如有人批评的那样，自我规制很容易沦为装点门面式的合规行为[1]，而这不但与集体自治不相容，与规制也发生冲突。东林馨对此的回应是，有了外在的规制和第三方的监督，就能够创设足够的激励让资方切实规范自己的合规行为。[2] 东林馨还认为，集体自治未必要以工会为实现形式，只须其他劳动组织与劳动者的协作，就能实现对于工会的功能性替代。而批评者坚定地反驳道："我相信职场的代表制必须经由真正独立的工会来实现，否则，共治就会不可避免地变异为对雇员的招安。"[3]至于哪一方的主张更为正确，需要更多事实来证明。

其次是价值的妥协。东林馨是当代职场民主理论的重要代表人物，她的专著《共事：职场连结如何强化多元民主》有力地重申了民主作为集体劳动法核心价值的地位。[4] 而恰恰是这样一位民主的鼓吹者却主张，不该再把劳工的结社自由和自我决定权仅仅看作民主社会的固有价值，而是要强调其能够实现规制目标的工具价值。顺着这条思路，杜雷主张把工会结社当成促进资方合规的工具。民主从目的变成了手段，看似是地位的降低，实

〔1〕 See Paul M. Secunda, *Book Review*, 64 Indus. & Lab. Rel. Rev. 203 (2010).

〔2〕 See Cynthia Estlund, *Regoverning the Workplace*: *From Self-Regulation to Co-Regulation*, Yale University Press, 2010.

〔3〕 Paul M. Secunda, *Book Review*, 64 Indus. & Lab. Rel. Rev. 203 (2010).

〔4〕 See Cynthia Estlund, *Working Together*: *How Workplace Bonds Strengthen a Diverse Democracy*, Oxford University Press, 2003.

则未尝不是回归了在职场中引入民主的本意。无论集体劳动关系法还是个别劳动关系法，都是将政治生活中的宪法秩序移植到经济生活的尝试：民主和权利是公民面对强大国家机器时的主要自卫手段，而劳动法则试图用民主和权利来帮助劳动者对抗资本。集体劳动关系法试图移植民主，而当民主无法保护劳动者时，个别劳动关系法又试图移植权利。[1] 东林馨和杜雷的主张无非是以民主作为实现权利的手段，这仍然没有突破在职场建立宪法秩序的范畴。

三、评估、启示和展望

迄今为止，规制研究与集体劳动关系法学的交汇还很初步，并表现出下述特征：其一，交汇具有局部性的特征。无论在规制研究还是在集体劳动关系法学之中，相互感兴趣的学人都数量不多。引入回应型规制理论并没有从整体上改造集体劳动关系法学，主流学者仍然认为劳动法的前途在于用人单位的自我规制[2]，而不是“有监督的自我规制”。其二，交汇具有异端性的特征。伸手相握的双方在各自阵营里都未获得完全接受。艾尔斯等突破命令—控制式机制，并将民主价值引入规制；东林馨等突破集体自

〔1〕 See Cynthia Estlund, *Rebuilding the Law of the Workplace in an Era of Self-Regulation*, 105 Colum. L. Rev. 319 (2005).

〔2〕 See Timothy P. Glynn, *Taking Self-Regulation Seriously: High-Ranking Officer Sanctions for Work-Law Violations*, 32 Berkeley J. Emp. & Lab. L. 279 (2011).

治范式，并将民主从价值目标降格为手段，这些思路都招致批评。其三，交汇具有单向性的特征。交汇基本是以将规制研究成果应用于集体劳动法学的形式实现的；虽然集体劳动法的实践被规制研究者当作核心论据，但是集体劳动法学对于规制研究的影响几乎看不到。两大学科之间的有效对话——而非单向灌输——仍然遥不可及。

但是，研究两大学科的交汇仍然能够提供重要的学术启示，这主要体现在三个方面。一是有助于理解学科的概念认知。一个学科是怎样界定自己的？哪些现象被接纳为研究对象，哪些现象被排除出研究视野？历史表明，规制研究对于“规制”的基本预设是命令—控制机制，这是无须论证的、当然的研究对象；而包括三方制在内的其他结构设想，如果要列入规制研究的议程，都需要以命令—控制机制为参照系进行充分论证。集体劳动关系法学对于“集体劳动关系”的基本预设是集体自治，而在自治之外增加他治、在工会之外增加其他工人代表组织，都需要加以论证。

二是有助于理解学科的价值基础。一个学科是怎样评价自己的？哪些价值被接纳为评价尺度，哪些价值被排除出评价清单？历史表明，规制研究的基本价值追求是市场效率，这主要通过矫正市场失灵来实现，是无须论证的、当然的评价尺度；而包括民主在内的其他价值，如果要拿来评价规制的好坏，都需要作出论证。集体劳动关系法学的基本价值追求是民主，而在民主之外增加其他价值，或者把民主从价值目标降格为手段，都需要进行充分的论证。

三是有助于理解学科的演进规律。一个学科怎样新陈代谢？演进的形式是什么？演进的动力有哪些？历史表明，妥协是学科概念和价值演进的主要形式。妥协既不是不变，也不是全变，而是在保留原则基础上的渐变。对于规制研究而言，从双方制到三方制、从单纯追求效率到同时追求民主，都是妥协的产物；对于集体劳动关系法学而言，从集体自治到接纳他治、从民主至上到民主降格，同样是妥协的结果。妥协不是衰退，而是更新的手段，它让学科得以跟上现实政治的步伐，后者恰恰是学科演进的动力所在。规制研究因规制改革而起，又为打破规制与去规制之争的僵局而提出回应型规制理论；集体劳动关系法学因劳资集体冲突而起，又为解决工人运动的生存危机而吸收回应型规制理论。政治形势对于学术发展的牵引和导向作用十分明显，这也表明，无论规制研究还是集体劳动关系法学，在美国都属于经世致用之学，侧重"法外说法"而非"就法论法"。

至于规制研究与集体劳动关系法学交汇的前景，将主要取决于两方面因素。一是理论决心，即愿意再作出多大的妥协。规制研究的妥协空间已经不大，较有弹性的是集体劳动关系法学。妥协最甚的主张是彻底否定集体劳动关系法的特殊性，认为劳动法只是克服特定集体行动问题的工具；只要类似的问题出现，无论是在职场还是在任何市场当中，都可以用同样的工具来应对。[1] 这种观点将集体劳动关系法与规制完全打通，不过主流劳动法学界恐怕很难接受。妥协较少的主张是寻找规制研究与集体劳动关系法学之间的新理论衔接点。过去，回应型规制理论充当了衔接点的角色，未来可能补充反思式法（reflexive law）理论或其他。[2] 这种观点是两大学科先前交汇思路的延续，落实的可能性较大。当然，还有一种妥协最少的主张，那就是维持局部的、异端的、单向的交汇现状。二是实践成效。两大学科都是抱着自我完善的心态走到一起的：规制研究希望在对方身上寻找证明回应型规制可行的证据，集体劳动关系法学希望在对方身上寻找复兴工人运动的出路。假如美国工人运动继续衰落，就说明这种寻找收效不大，而这恐怕是大概率事件。如此看来，两大学科交汇的前景不容乐观。

* * *

本章的上述讨论都是基于美国的情形。不容回避的问题是，这些讨论与我国法学是否相关？问题可以分为两个层面。

---

〔1〕 See Alan Hyde, *What is Labour Law*?, in Guy Davidov & Brian Langille (eds.), Boundaries and Frontiers of Labour Law: Goals and Means in the Regulation of Work, Hart Publishing, 2006.

〔2〕 See Ralf Rogowski, *Reflexive Labour Law in the World Society*, Edward Elgar, 2013.

其一，本章的讨论与我国的规制研究是否相关？与美国相比，我国的规制研究发展仍较为初步，一个重要的表现是：规制研究界尚未形成稳定明确的自我认知。规制研究在中国要研究什么对象，追求什么价值，研究与政治之间的关系如何确定，诸如此类问题的讨论一直在进行之中，而照搬美国的答案显然会有南橘北枳的风险。或许可以借鉴的经验是：通过促进规制研究与部门法学的交汇，能够帮助规制研究更好地反思自己、认识自己，从而加速这个学科和思潮的成熟。在构建自身的学术传统和学人认同之外，以开放的心态从其他学科汲取养分，进而“反求诸己”，是中国规制研究值得一试的成长经验。

其二，本章的讨论与我国集体劳动关系法学是否相关？东林馨曾经谨慎地展望其理论在中国的应用前景。她发现，我国的工会和工人权益组织与她理论中的第三方差别巨大，因此反对简单机械的理论移植。[1] 这种态度无疑值得借鉴。与美国相比，我国集体劳动关系法学对于工会以外的劳工组织形式虽然陌生，但是基本没有概念层面的排斥；在价值层面，工业民主作为宪法为集体劳动关系法确立的重要价值，其意涵和机制有待进一步开释

〔1〕 See Cynthia Estlund, *A New Deal for China's Workers?*, Harvard University Press, 2017. 中国劳动法的海外研究者多持类似观点，例如 Sean Cooney, *Making Chinese Labor Law Work: The Prospects for Regulatory Innovation in the People's Republic of China*, 30 Fordham Int'l L. J. 1050 (2007).

和完善[1]，但是对于追求和协调包括民主在内的多元价值持有开放态度。这意味着我国集体劳动关系法学与规制研究的沟通较少存在观念和价值的障碍。就此而言，我国两大学科的交汇虽然发力比美国要晚，但是前景更可期待。

〔1〕 参见阎天：《美国集体劳动关系法的兴衰——以工业民主为中心》，载《清华法学》2016年第2期。

第二章　比例原则的应用（Ⅰ）：劳动规章法律定性方案的选择

市场经济条件下，劳动关系原则上由劳资双方自治，法律调控多采取干预劳动合同和劳动规章的方式。劳动关系具有继续性特征，其内容伴随关系延续而不断创生，缔约各方事前无法充分预见并约定周备；劳动关系具有从属性特征，用人单位依据生产经营需要把控劳动关系的发展方向，不能、也无须事事与劳动者商议并达成一致；职场中的劳动关系数量巨大，如果秩序建构完全依靠用人单位与每个劳动者分别缔约，则效率低下、成本高企。由是，劳动规章对于劳动关系的重要地位显露无余。[1]

---

〔1〕 用人单位以员工手册等形式制定劳动规章，其目的一般可归为四个方面：第一，促进人事政策执行的划一。决策层以员工手册统一管理层对于人事政策的理解，并警示员工无制度空子可钻，须循规蹈矩方可免受惩戒。第二，将员工的某些利益制度化，帮助员工建立获得公平对待的稳定预期，提升员工忠诚度，压制员工结社维权动机。第三，履行法定义务。例如某些告知义务（参见《劳动合同法》第4条第4款），建立性骚扰内部申诉机制的义务（参见《女职工劳动保护特别规定》第11条）。按章办事也可减少员工提起就业歧视申诉和诉讼的风险（参见《中华人民共和国就业促进法》第62条，以下简称《就业促进法》）。第四，向员工传达公司运营中需要员工知悉的信息。例如薪资的计算方法。See Steven L. Willborn, Stewart J. Schwab, John F. Burton Jr. & Gilliam L. L. Lester, *Employment Law: Cases and Materials* (4th *ed.*), LexisNexis, 2006; Jeffrey M. Hirsch, Paul M. Secunda &

劳动规章反映了用人单位的用人自主权，影响到职场内相当数量、甚至全部劳动者的利益，法律对其多加调控也就在情理之中。从《劳动法》[1] 到《劳动合同法》[2]，辅以司法解释[3]和行政解释[4]，我国法律对于劳动规章的调控规则已经初具规模。

然而，劳动规章究竟具有何种法律性质，学界众说纷纭，未有定论。学者观点大致可归总为如下：一是认为，劳动规章应定性为法则，其对劳动者的拘束力与劳动者的意思无关，此即“法则说”；二是认为，劳动规章应定性为契约，其对劳动

Richard A. Bales, *Understanding Employment Law* (2nd *ed.*), LexisNexis, 2013. 又，国内学界探讨劳动规章定性问题，对中国台湾地区、德国、法国等大陆法系国家和地区经验已有较多借鉴，而对英美法参考甚少。本章为作补充，比较研究多以美国为参照。

〔1〕 主要见于《劳动法》第4条、第25条、第52条、第56条、第68条、第89条和第93条。

〔2〕 主要见于《劳动合同法》第4条、第32条、第38条、第39条、第74条、第80条和第88条。

〔3〕 主要见于《最高人民法院关于审理劳动争议案件适用法律若干问题的解释》（以下简称《司法解释一》）第19条（已被《最高人民法院关于审理劳动争议案件适用法律问题的解释（一）》第50条第1款吸收，以下简称《新司法解释》）、《最高人民法院关于审理劳动争议案件适用法律若干问题的解释（二）》（以下简称《司法解释二》）第16条（已被《新司法解释》第50条第2款吸收）。《劳动合同法》颁布后，部分地方法院出台的司法指导文件中也涉及劳动规章问题。包括：《江苏省高级人民法院、江苏省劳动争议仲裁委员会关于审理劳动争议案件的指导意见》（以下简称《江苏意见》）第18条、第19条，《北京市高级人民法院、北京市劳动争议仲裁委员会关于劳动争议案件法律适用问题研讨会会议纪要》（以下简称《北京纪要》）第36条，《湖南省高级人民法院关于审理劳动争议案件若干问题的指导意见》（以下简称《湖南意见》）第17条，《浙江省高级人民法院民一庭关于审理劳动争议案件若干问题的意见》（以下简称《浙江意见》）第34条、第45条，《广东省高级人民法院、广东省劳动争议仲裁委员会关于适用〈劳动争议调解仲裁法〉、〈劳动合同法〉若干问题的指导意见》（以下简称《广东意见》）第20条。

〔4〕 我国行政部门对于劳动立法涉及劳动规章问题的解释，以往较少。主要有：原劳动部《关于贯彻执行〈中华人民共和国劳动法〉若干问题的意见》（以下简称《劳动部意见》）第87条、原劳动和社会保障部《关于确立劳动关系有关事项的通知》第1条。

者的拘束力以劳资合意为必要条件。后者可分为两种论点：一种论点认为，劳动规章为集体劳动合同的组成部分，劳动者的意思表现为集体意思，由工会、职代会等作出，此即“集体契约说”；另一种论点则认为，劳动规章为个别劳动合同的组成部分，劳动者的意思表现为个人意思，由个人直接作出，此即“个别契约说”。[1] 各观点之间的争论在实然和应然两个层面展开。[2] 实然层面争论的主要问题是：哪种学说与我国法律、与我国劳动关系实践的吻合度最高、解释力最强？应然层面的主要争论在于：哪种学说更有利于协调劳动者的劳动权与用人单位的用人自主权？实然与应然层面的争论合一，指向对现行法的评价问题：是否需要改善对于劳动规章的法律规制，以及如何改善。

劳动规章的性质之争迁延日久，呈现胶着状态，引发的困惑日增。困惑亦从实然与应然两层面展开。实然层面的困惑在于“匹配不周”：无论法则说还是契约说都不能完美解释所有现行法和劳动关系实践中的现象。就现行法而言，学者将各学说分别

---

〔1〕 各种学说的详细梳理，参见董保华、陈亚：《用人单位规章制度的法律性质及立法模式》，载董保华主编：《劳动合同研究》，中国劳动社会保障出版社2005年版；郑尚元：《劳动合同法的制度与理念》，中国政法大学出版社2008年版；沈建峰：《论用人单位劳动规章的制定模式与效力控制——基于对德国、日本和我国台湾地区的比较分析》，载《比较法研究》2016年第1期；朱军：《论我国劳动规章制度的法律性质——“性质二分说”的提出与证成》，载《清华法学》2017年第3期。

〔2〕 值得一提的是，论者往往将实然和应然层面的讨论混为一体，难于分辨。

带入立法和司法解释，发现某些规定可以用多种学说解释〔1〕，而每种学说都有无力解释的规定〔2〕，个别规定甚至没有任何学说可以解释。〔3〕就劳动关系实践而言，各学说均有与客观实际不符之处。〔4〕而应然层面的困惑在于“标准不明”：无论法则说还是契约说，都缺乏权衡劳动权和用人自主权的依据。其中，契约说以劳动者承诺为劳动规章生效要件，侵夺用人自主权过甚〔5〕；

〔1〕例如，关于用人单位制定规章必须公示方可生效的规定（《劳动合同法》第4条第4款、《司法解释一》第19条），依法则说，化用自《中华人民共和国立法法》（以下简称《立法法》）上对于法律公布的要求（第23条、第41条），可解；依个别契约说，化用自《中华人民共和国合同法》（以下简称《合同法》）上关于要约必须到达受约人方可生效的规定（第44条），亦可解。

〔2〕例如，法则说很难解释：当劳动规章所规定的待遇低于劳动合同时，为何应适用劳动合同（《司法解释二》第16条。或说：私人为何有权以合意变通法则的强制性规定）。集体契约说很难解释：如果劳动规章体现了劳动者明示的集体意思，那么当劳动规章违法时，法律为什么只警告用人单位一方并责令其改正（《劳动法》第89条、《劳动合同法》第80条），却不警告同样负有过错的工会或职代会一方。而个别契约说很难解释：某些法律为何将劳动规章符合民主程序作为在审判中适用的条件（《司法解释一》第19条）。

〔3〕例如，《劳动合同法》第4条第4款仅规定“直接涉及劳动者切身利益”的规章制度必须公示或告知劳动者。质言之，劳动规章如果并不直接涉及劳动者切身利益，则无须公示或告知劳动者即可生效。依法则说，劳动规章必须履行与立法类似的公布程序，则该条无解。依个别契约说，劳动规章是用人单位发出的要约，只有到达劳动者方可生效，则该条亦无解。而如果劳动规章并不直接涉及劳动者切身利益，依《劳动合同法》第4条第3款规定，集体协商程序根本不适用，则集体契约说对该条亦无解。

〔4〕学者主要批评法律推定、法律拟制过多的问题。例如，契约说“将劳动者的被迫沉默拟制为‘默示同意’‘录取时的概括同意’或‘概括性授权’，无异于是对劳动者意愿的一种讽刺”。丁建安：《企业劳动规章制度研究》，中国政法大学出版社2014年版。又如，法则说“无法解释用人单位之单方立法权的法源何在”。董保华、陈亚：《用人单位规章制度的法律性质及立法模式》，载董保华主编：《劳动合同研究》，中国劳动社会保障出版社2005年版。不过，推定和拟制的合理限度何在、评价标准如何，尚无分析。

〔5〕这集中表现在对于《劳动合同法》一审稿规定的、劳动规章“劳资共决”制的批评。参见全国人大常委会法制工作委员会行政法室编：《劳动合同法（草案）参考》，中国民主法制出版社2006年版。相关规定于二审稿删去。《劳动合同法》第一、二、三、四次审议稿，收入常凯主编：《劳动合同立法理论难点解析》，中国劳动社会保障出版社2008年版。为节约篇幅，嗣后引用时恕不注出。

然而又将劳动者的沉默推定为承诺，“其实际效果必将走向该说初衷的反面”。[1] 法则说承认了用人单位对于劳动规章的单方决定权，对劳动者过于不利。[2] 总之，契约说和法则说均不能令人满意，都无法提供评价和改良现行法的妥当标准。面对各地法律规范不统一的问题[3]，学术无所适从。劳动规章之争的困惑，一时无解。

为解开上述困惑，本章提出，我国劳动规章的性质并不统一，而是分为三种情形：不直接涉及劳动者切身利益的劳动规章，其性质为无相对人的单方行为；直接涉及劳动者切身利益的规章，在公有制企业为集体契约，在其他用人单位则为个别契约。这就是劳动规章的“性质三分说”。本章的基本观点有三[4]：其一，在实然层面，评价学说高下的标准是对现实的解释力。三分说比契约说、法则说更能够解释现行法和劳动关系实践，故更为可采。其二，在应然层面，评价学说高下的标准

[1] 丁建安：《企业劳动规章制度研究》，中国政法大学出版社2014年版。

[2] 郑尚元：《劳动合同法的制度与理念》，中国政法大学出版社2008年版。

[3] 例如，关于劳动规章是否适宜规定违纪罚款的问题，2005年施行的《广东省工资支付条例》允许用人单位以劳动规章形式设定工资扣除事项，经书面告知劳动者后即可生效（第7条）。而2013年修订实施的《广东省劳动保障监察条例》却转而禁止劳动规章规定罚款内容（第51条）。北京、天津、河北等省（市）的地方工资支付规定则仍然允许这种规定。国家层面的《工资支付暂行规定》对各地规范的差异保持沉默。

[4] 以下观点顺次对应本章第一至三节。

是比例原则中的必要性原则，即是否以对用人自主权限制最小的方式来实现保障劳动权的政策目标。与法则说相比，三分说的规制手段更丰富、更灵活，能够结成谱系，因而更容易实现比例原则的要求，故更为可采。其三，根据三分说评价和改良我国法律，关键是要理顺各个规制手段之间的关系，从而更充分地实现比例原则的要求。总之，三分说是对劳动规章性质之惑的试探性解答。

一、化解实然之争：三分说之形成

（一）单方行为：解释劳动规章的公示规则

本章之所以放弃对劳动规章进行统一定性，转而将劳动规章一分为三、分别定性，首先是出于解释现行法律和劳动关系实践的需要。其中，将不直接涉及劳动者切身利益的劳动规章，定性为无相对人的单方行为，是和劳动规章的公示规则密不可分的。这一规则经历过多次变化。《劳动法》并没有将对劳动者公示或通知设定为劳动规章生效的要件，也就是说，即使劳动者不知晓劳动规章存在，劳动规章也仍然有效。依个别契约说，用人单位拟定的劳动规章仅为要约，须到达劳动者并获得劳动者明示或默示承诺后方可生效。换言之，要约没有到达劳动者，断不能成立契约，劳动规章也无生效可能。解释的困难使得学说的修正成为必要。依民法原理，意思表示无须到达相对人即可生效的法律行为，只能是无相对人的单方行为。[1]

《劳动法》的规定数年后被《司法解释一》所打破。根据《司法解释一》，劳动规章不经公示，就不能作为法院审理案件的依据。[2] 亦即，作为用人单位的意思表示，劳动规章必须到达相对人方可产生效力。新的规则加大了对劳动规章的规制强度。为了与之相匹配，应当将劳动规章理解为劳资之间的个别契约，或者由用人单位作出的、有相对人的单方行为。下文将论证：前者比后者更适宜作为大多数劳动规章的定性。

《劳动合同法》则打破了对劳动规章统一定性的局面，将劳动规章区分为两类："直接涉及劳动者切身利益"的劳动规章以

---

〔1〕 关于无相对人的单方行为，参见王泽鉴：《民法总则》，北京大学出版社2009年版；刘凯湘：《民法总论》（第三版），北京大学出版社2011年版。美国公法上与无相对人的单方行为类似的制度是所谓"行政禁反言"（administrative estoppel）：行政机关的指令一经发布，相对人即获得该指令将存续的正当期待，行政机关不得任意更改或撤销指令。参见王锡锌：《行政法上的正当期待保护原则述论》，载《东方法学》2009年第1期。学者指出，劳动规章类似行政机关出台的行业准入规则：劳动者有理由相信用人单位不会任意抬高或降低职场门槛。《雇佣法重述》曾试图引入行政禁反言制度来约束劳动规章，但因缺乏司法经验支撑而作罢。可见，法则说理论上可以提供的规制工具未必比契约说要少，其缺陷在于许多工具没有法律实践的依据。Kenneth G. Dau-Schmidt, Robert N. Covington & Matthew W. Finkin, *Legal Protection for the Individual Employee* (4th *ed.*), West, 2011; Samuel Estreicher & Gillian Lester, *Employment Law*, Foundation Press, 2008.

〔2〕《司法解释一》第19条（已被《新司法解释》第50条第1款吸收）。

公示为生效要件，其他劳动规章则不以公示为生效要件。[1] 这样一来，“直接涉及劳动者切身利益”的劳动规章仍然是个别契约，而不“直接涉及劳动者切身利益”的劳动规章则恢复为无相对人的单方行为。这与《司法解释一》显然不一致。司法对立法的解释不能违背立法本义，何况《劳动合同法》制定在后。是故，对于不“直接涉及劳动者切身利益”的劳动规章，法院应该采纳为审理案件的依据。虽然此类劳动规章并不在劳动监察的管辖范围之内[2]，但劳动者认为劳动规章违法时，仍可提起诉讼，依据《中华人民共和国民法典》（以下简称《民法典》）关于民事法律行为的一般规定，主张劳动规章无效，要求用人单位承担赔偿责任。[3]

（二）个别契约：解释违章和劳动规章违法的规则

围绕用人单位违章、劳动者违章、劳动规章违法这三个问

---

〔1〕《劳动合同法》第4条第4款。至于判断“直接涉及劳动者切身利益”的标准，法律并未明言。为了防止用人单位滥用该标准、挤压集体程序的适用空间，有论者认为，应当将“直接涉及劳动者切身利益”标准虚化，将第4条解释为要求所有劳动规章一律须经过集体程序。郭军：《关于对〈劳动合同法〉第四条规定的理解与建议》，载《劳动与社会保障》2008年第1期；王全兴：《劳动合同法条文精解》，中国法制出版社2007年版。不过，上述观点与法律条文的字面意义不合，且起草者明确坚持这一区分标准。黄海华、蔡人俊：《劳动合同法疑难问题解读——立法过程中一些主要问题的介绍和思考》，中国法制出版社2014年版。

〔2〕《劳动合同法》第74条。之前，依《劳动法》第89条，一切劳动规章均受劳动监察管辖。

〔3〕《中华人民共和国民法通则》（以下简称《民法通则》）第58条第1款第5项（已被《民法典》第153条吸收）、第61条（已被《民法典》第157条吸收）。劳动者可根据《民法通则》第59条（已被《民法典》第151条吸收），主张劳动规章的内容显失公平，要求法院启动合理性审查。

题，《劳动法》和《劳动合同法》均创设了规则。如何解释这些规则，乃是学界的重大争议所在。这些规则涉及的劳动规章都与劳动者切身利益直接相关，依性质三分说，除公有制企业的规章外，原则上应当定性为个别契约。具体而言，是依劳动者默示承诺而成立的个别契约。下文的分析表明：个别契约的定性对于这些规则均有较为完满的解释力。

用人单位违章问题的规则变迁。——该问题主要涉及劳动安全规章。对于用人单位违章指挥、强令冒险作业的，《劳动法》第2款为劳动者设定了拒绝执行权。[1] 拒绝权在本质上是要求用人单位履行其在劳动规章中所做的承诺，即"劳动者服从指挥与用人单位遵守劳动安全规章互为条件"。[2] 《劳动合同法》改采依默示承诺成立的个别契约说，由此带来以下三个方面变化。

第一，新法将拒绝权重新定性为同时履行抗辩权：劳动者在用人单位没有履行遵守安全生产规章的义务时，有权拒绝给付劳动。

第二，新法引入《合同法》上的根本违约制度，加强了对劳动者的保护。一是将违章指挥、强令冒险作业认定为根本违约，赋予劳动者解除劳动合同的权利和获得损害赔偿的

---

〔1〕《劳动法》第56条第2款。另见《安全生产法》第46条。

〔2〕类似规定见于悬赏广告制度：悬赏人以公开方式声明对完成一定行为（例如寻得遗失物）的人支付报酬，若到时拒绝支付，则行为的完成人有权拒绝交付行为的效果（例如拒绝交还遗失物）。在美国，悬赏广告曾是极少数典型的单诺契约之一，而劳动规章则是单诺契约理论复兴的重要标志。See K. N. Llewellyn, *Our Case-Law of Contract: Offer and Acceptance, II.*, 48 Yale L. J. 779 (1939).

权利。[1] 二是突破了《合同法》上单方解约必须通知对方的要求[2]，将劳动者不再接受指挥的行为拟制为通知，使其获得了即时解约权。用人单位强令冒险作业，往往令劳动者的人身安全处于紧迫的危险状态，以法律拟制减轻劳动者的通知义务，有助于劳动者尽快从岗位脱身、离开威胁，并不违背比例原则。三是对于劳动者行使解约权的情形，将劳动合同解除的原因归诸用人单位，规定用人单位向劳动者支付补偿金。[3]

第三，新法也有弱化对劳动者保护之处。根据《劳动法》，由于用人单位颁布劳动规章的意思表示并没有相对人，因此劳动者拒绝执行冒险作业的命令时，无须知晓用人单位违章。相反，

---

〔1〕《合同法》第94条对应《劳动合同法》第38条，《合同法》第97条对应《劳动合同法》第88条。论者或认为：遵守劳动安全规章仅为用人单位的从义务，不能与劳动者的劳动给付义务（主义务）形成对价。故用人单位违章时，劳动者并不享有同时履行抗辩权（拒绝权）；且因为违反从义务并不构成根本违约，劳动者亦无解约权。为了达到赋予劳动者拒绝权的目的，学者主张：法律将用人单位的违章行为，拟制成劳动者依约提出给付、雇主未履行协助义务而陷于受领迟延，从而使得劳动者享有拒绝权。见潘峰：《论劳动者的劳务给付拒绝权》，载《社会法评论》2011年第5卷。但是这一学说仍无法解释《劳动合同法》上的根本违约规则。其实，学理及外国法上承认：如果违反从义务会影响合同目的的达成，则可以适用同时履行抗辩权；而如果违反从义务导致合同目的无法达成，则可以构成根本违约，发生解除权等。韩世远：《合同法总论》（第三版），法律出版社2011年版。我国《合同法》上关于违约责任的规定并未区分违反主义务和从义务，故引入学理看法并无障碍。当然，劳动合同的目的何在，缔约双方见解定有不同。法律为此可将劳动者身心健康之维持拟制为劳动合同的主要目的之一。另外，《劳动合同法》允许用人单位以劳动者严重违反劳动安全规章为由解除劳动合同（第39条），可以理解为将遵守劳动安全规章定为劳动者的主义务，一旦违反将构成根本违约。内容相同的义务，对于劳动者是主义务，对于用人单位却只是从义务，逻辑是否通顺，值得商榷。

〔2〕《合同法》第96条（已被《民法典》第565条吸收）。

〔3〕《劳动合同法》第46条。补偿金并不具有违约赔偿的性质，而是企业分担保障失业劳动者生活的社会责任的方式。参见全国人民代表大会常务委员会法制工作委员会编：《中华人民共和国劳动合同法释义》，法律出版社2013年版。因此，补偿金与违约损害赔偿并不存在竞合关系，可以同时主张。

如果将劳动安全规章理解为个别契约，由于契约成立以要约到达相对人为要件，则劳动者行使拒绝权时，必须知晓用人单位违章这一事实。[1] 实践中，许多劳动者事前对劳动安全规章一无所知或知之甚少，仅为自保而拒绝冒险作业。根据个别契约说，这样的劳动者不能行使解约权，也不能获得赔偿金和补偿金。劳动者不了解规章的原因大多在于用人单位宣传不力，由此产生的后果若由劳动者承担则有失公平。[2] 为此，劳动仲裁和司法上均拟制劳动者事前知晓劳动安全规章。[3]

---

〔1〕 此种差别亦类似悬赏广告性质单方行为说与契约说的差别。参见葛云松：《李珉诉朱晋华、李绍华悬赏广告酬金纠纷案评析》，载《北大法律评论》1998 年第 1 辑。

〔2〕 考虑到用人单位负有“对劳动者进行劳动安全卫生教育”的义务（《劳动法》第 52 条），则这种不公平尤甚。

〔3〕 规章内容的举证责任并不在于劳动者，而在用人单位。《劳动争议调解仲裁法》第 6 条。美国法亦有对劳动者明知规章内容的推定或拟制。19 世纪末，这种推定是为了帮助雇主减轻雇员遭受工伤时的赔偿责任。判例法上认为：雇主只要把安全生产手册发给了雇员，就不仅成立了要约，而且成立了推定的附和（inference of assent）；一旦雇员违反手册而自身受损害，就构成了受害人过错（contributory negligence），雇主可以减轻责任，即便雇员宣称自己不知道手册内容。Kenneth G. Dau-Schmidt et al. , *Legal Protection for the Individual Employee*（4th *ed.*），West，2011. 到了 20 世纪 80 年代，这种推定则是为了让雇主在手册中的允诺获得契约的强制执行力。建立劳动规章单诺契约说的里程碑判例——伍利诉罗氏案中，雇主企业辩称：某些员工可能根本没读或者没读懂员工手册，因此不能对手册成立要约产生正当期待，手册不构成要约。而法院认为，只要手册被散发，就拟制为员工读过且读懂了，成立正当期待，手册构成要约。Woolley v. Hoffman La Roche，491 A. 2d 1257（N. J. 1985）. 还有的法院不采单诺契约说，而运用允诺禁反言（promissory estoppel）的理论：只要雇主在手册中作出允诺，使得员工对允诺的执行产生了信赖，雇主就必须落实，不得反悔。然而，根据契约法学说，构成允诺禁反言的员工信赖不能是群体的、概括的信赖，而必须是个人的、特定的信赖。如此一来，如果没有读过手册，显然不成立信赖，无法约束雇主。为此，法院为学说设定例外，雇员只需对雇佣手册产生群体的、概括的信赖即可成立允诺禁反言。Kenneth G. Dau-Schmidt et al. , *supra cited.* 单诺契约类似我国的依默示承诺而成立的合同，允诺禁反言则类似我国的单方行为。三分说规制手段之丰富、政策弹性之大，可见一斑。正如 Woolley 案的判决书所设问的：“公司将人事政策手册分发给相当数量的雇员，该行为的法律效果是否应该完全严格地取决于传统契约理论？如是分析对于职场现实是否充分？”Woolley，*supra cited.*

劳动者违章问题的规则变迁。——该问题主要涉及劳动纪律规章。对于劳动者严重违反劳动规章的，《劳动法》为用人单位设定了解约权。[1] 然而，由于《劳动法》并不要求劳动规章必须公示，这就使得劳动者可能在并不知晓劳动规章的情况下被认定为违章并解除劳动合同，劳动规章俨然成为用人单位的“秘密武器”。并且，由于单方行为的生效并未给相对人留出协商空间，学理上对于以单方行为给他人设定义务历来持严格限制的态度。[2] 允许用人单位不经协商而出台决定劳动者工作机会能否存续的劳动规章，已然失之不公；若再允许平日将劳动规章秘不示人，直到欲解除劳动合同时方引为说辞，则更与保护劳动者合法权益的政策目标相悖。故此，在《劳动合同法》为劳动规章设定公示要求之后，应当将劳动纪律规章理解为依默示承诺成立的个别契约；用人单位以严重违章为由的解约权，应定性为根本违约时的合同解除权。[3]

劳动纪律规章对于劳动者能否继续工作、维持生计意义重大。《劳动法》为此引入强制缔约制度[4]，约束用人单位制定劳

---

〔1〕《劳动法》第25条。

〔2〕刘凯湘：《民法总论》（第三版），北京大学出版社2011年版。

〔3〕《合同法》第94条（已被《民法典》第563条吸收）。

〔4〕由于《劳动法》并不以公示为劳动规章生效要件，故劳动规章并不是契约，以“强制缔约”来解释有附会之嫌，而法则说下的“法律保留”制度则较有解释力。《劳动合同法》则为直接涉及劳动者切身利益的规章设定了公示义务，将其抬升为契约。劳动纪律规章内容重大，显然处在契约的范围之内。由此具备了适用强制缔约理论的依据。

动纪律规章的权利。用人单位享有经营管理权，劳动者不服管理的行为或结果都可以成为用人单位施加惩戒的事由。但是，如果用人单位想要据此解除劳动合同，则不服管理的行为或结果必须事先写入劳动规章。换言之，对于违纪解约的条件，《劳动法》给用人单位设定了强制要约义务。[1] 具体地，用人单位根据不服管理的行为解约，该行为必须达到“严重违反劳动纪律或者用人单位规章制度”的程度[2]；根据不服管理的后果解约，该后果必须达到依据劳动规章构成“对用人单位利益造成重大损害”的程度[3]。《劳动合同法》则尝试巩固劳动纪律规章的强制缔约制度。这主要反映为：不再允许用人单位根据纯粹的“劳动纪律”解除劳动合同，强调单方解除应当以劳动者违反“用人单位规章制度”为前提。[4] 如此一来，用人单位不得再援引《企业职工奖惩条例》等劳动纪律规定作为解约依据。此外，关于“严重”的标准，《劳动合同法》一、二审稿也曾试图将其归入强制缔约的范畴[5]，但随后取消。新法出台后，何种违章达到“严重”程度、司法机关是否应审查对于“严重”的判断、审查

〔1〕强制缔约，依强制义务所处阶段不同，分为强制要约和强制承诺。参见崔建远：《合同法总论（中卷）》，中国人民大学出版社2012年版。

〔2〕《劳动法》第25条第2款。

〔3〕《劳动法》第25条第3款，《劳动部意见》第87条。

〔4〕《劳动合同法》第39条第2款。

〔5〕《劳动合同法》一审稿第31条第2款：“劳动者有下列情形之一的，用人单位可以解除劳动合同：……（二）严重违反用人单位的规章制度，按照用人单位的规章制度应当解除劳动合同的；……”

标准如何，遂成为聚讼不休的难题。[1]

劳动规章违法问题的规则变迁。——对于劳动规章违反法律、给劳动者造成损害的，《劳动法》为劳动者设定了损害赔偿请求权。[2] 依《民法通则》，法律行为违反法律的无效，有过错的一方应当赔偿对方因此所受的损失。[3]《劳动法》推定劳动规章违法的过错在用人单位一方，将合法性注意义务加诸用人单位，明显是考虑到劳动规章由用人单位单方制定的现实。《劳动合同法》虽然要求劳动规章必须公示，但是由于劳动规章仍由用人单位主导制定，劳动者至多发挥附和的作用，所以注意义务的

---

〔1〕有法官认为：判断违章是否“严重”，应以劳动规章本身为标准。即便劳动规章的内容不合理，将依社会一般判断并不严重的违纪定性为严重违章，法院也不宜审查劳动规章的合理性，而应直接依规章认定劳动者符合单方解约所要求的、严重违章的条件。刘海东、刘亚男（北京市第二中级人民法院）：《用人单位以违反规章制度为由与劳动者解除劳动合同的若干问题——邹某诉北京某面包公司违法解除劳动合同赔偿金案》，载朱江主编：《北京市第二中级人民法院经典案例分类精解·劳动争议卷》，法律出版社 2013 年版。但是，许多地方司法指导性文件已经引入了对劳动规章内容的合理性审查。参见本章第二节。有的法官更认为：如果违章按照通常观点并未达到严重程度，就不应支持用人单位解除劳动合同的决定。谭玲主编：《劳动争议审判前沿问题研究》，中国民主法制出版社 2013 年版。违章行为是否达到可以解约程度的判断，类同于美国法上违纪行为是否达到解雇的“正当事由”（just-cause）的判断。美国司法上对此争议极大。例如，法院应审查的究竟是违纪行为，还是雇主认定违纪行为的过程？相应地，应受保护的雇员利益究竟在于继续工作，还是不被不当解雇？有法院担心，如果司法介入雇主对违纪行为的认定，可能会使得雇主决策过度受制于司法裁判的风险。还有法院认为，雇主作为制定工作纪律（通常载入员工手册）的一方，并无意让渡违纪行为的认定权。参见 Kenneth G. Dau-Schmidt et al. , *Legal Protection for the Individual Employee* (4th *ed.*), West, 2011.

〔2〕《劳动法》第 89 条。

〔3〕《民法通则》第 58 条（已被《民法典》第 144 条、第 146 条、第 153 条、第 154 条等吸收）、第 61 条（已被《民法典》第 157 条吸收）。

分配并未改变。[1]

虽然违法的劳动规章自始无效，但是劳动者要主张损害赔偿，还需经过确认无效、厘定损失的法律程序，并不能即时获得救济。况且，损害赔偿仅为事后救济，对劳动者而言不如事前阻止损害发生有利。是故，《劳动合同法》将劳动规章视为依默示承诺而缔结的个别契约，允许劳动者以明示拒绝要约来阻止劳动规章发生合同效力。从表面上看，法律只规定了一种拒绝的方式：单方解除劳动合同。[2] 而事实上，劳动者也可以直接以言词向用人单位表示不执行劳动规章的意思。如果采用第一种方式，劳动者需要提起劳动仲裁，确认劳动规章违法无效，从而获得法定经济补偿金；[3] 而如果采用第二种方式，用人单位很可能以劳动者严重违反劳动规章为由解除劳动合同，劳动者可随即提起劳动仲裁，主张用人单位的解约行为违法，要求复职，如不复职则可获得相当于经济补偿金两倍的赔偿金。[4] 两相比较，第二种方式下劳动者的讼累并不增加，而所获救济形式更多、金额更大。可见，《劳动合同法》特别规定以解除劳动合同拒绝承诺的方式，本意当然在于加强对劳动者的保护，但因为存在保护

〔1〕《劳动合同法》第 26 条、第 80 条、第 86 条，对应《合同法》第 52 条（已被《民法典》第 508 条等吸收）、第 58 条（已被《民法典》第 508 条等吸收）。

〔2〕《劳动合同法》第 38 条。

〔3〕《劳动合同法》第 46 条。

〔4〕《劳动合同法》第 48 条。因用人单位违法解约而发生的赔偿金与补偿金不得同时主张，见《中华人民共和国劳动合同法实施条例》第 25 条。

效果更强的方式而意义大减。第一种方式的唯一优势在于：假如劳动者以言词拒绝执行违法的劳动规章，用人单位却并不解除劳动合同，而是作出其他纪律处分决定，则劳动者无法获得法律救济。因此，如果劳动者预计用人单位不会解约，那么合理的对策便是主动解约，确保获得经济补偿金。

除用人单位违章、劳动者违章和劳动规章违法以外，个别契约的定性还能够解释涉及所谓劳动者“选择权”的现行法律。“选择权”一说源自《司法解释二》第16条规定：“用人单位制定的内部规章制度与集体合同或者劳动合同约定的内容不一致，劳动者请求优先适用合同约定的，人民法院应予支持。”理解该条须考诸释法者原意。一方面，所谓“劳动者请求”的要件其实是虚化的。按解释者的说法，法院为保护劳动者，如果劳动者未请求，会主动告知其权利；而劳动者断无不心领神会、作出请求的道理。另一方面，所谓“不一致”仅指劳动规章中为劳动者设定的待遇劣于合同规定而言，并不包括相反的情况。〔1〕因此，本条应理解为：劳动规章中为劳动者设定的待遇劣于合同规定的，应适用合同的规定。如果将劳动规章理解为依劳动者默示承诺而成立的个别契约，则不难解释此条规定：就劳动规章与个别劳动合同的关系而言，因为劳动规章系以附和方式制定，则格

〔1〕 最高人民法院民事审判第一庭编著：《最高人民法院劳动争议司法解释的理解与适用》，人民法院出版社2006年版。

式条款依法不得对抗特约条款[1]；就劳动规章与集体合同的关系而言，因为劳动规章系个别劳动合同的组成部分，则个别劳动合同中规定的待遇依法不得低于集体合同[2]。

（三）集体契约：解释集体程序规则

个别契约的定性并不适用于所有劳动规章。例外之一前已述及：对于不直接涉及劳动者切身利益的规章，应当定性为用人单位无相对人的单方行为；另一个例外则是公有企业的规章，应当定性为集体契约。事实上，在解释关于劳动规章的现行法律时，所遇到的最大挑战，就在于劳动规章制定过程中集体程序的定性。

《劳动合同法》起草者宣称："劳动合同法实际上遵循的是集体合同说。"[3]如果属实，则三分说与立法意图无法调和。但是，即便起草者确实以集体契约说为立法指导，立法的实际内容却未必可以完全用集体契约说来解释。关于劳动规章的法律制度采行集体契约说，有两个标志：一是劳动者一方的集体代表在劳动规章制定过程中享有否决权；二是劳动规章的制定不履行集体程序时，将造成效力瑕疵。否决权源自《合同法》上受约人拒

[1]《合同法》第41条（已被《民法典》第498条吸收）。

[2]《劳动法》第35条、《劳动合同法》第55条。

[3] 黄海华、蔡人俊两位作者认为，之所以采取集体契约说，是因为"准法则说和合同附款说都过于偏向用人单位一方，不利于劳资关系的平衡"（同上）。这种观点反映出两个问题：第一，立法者并未将各学说理解为不同的规制手段体系。各学说都包容多种规制手段，规制强度的弹性都较大，并不必然偏向劳资当中一方。第二，立法者并未采用比例原则作为评价各学说的视角。学说的优劣并不在于更偏向劳资当中的哪一方，而在于能否以对用人自主权限制最小的方式来实现对劳动权的保护。

绝承诺的权利，而效力瑕疵后果源自《合同法》上意思表示缺失（合同不成立）或不真实（合同可撤销）的法律效果。[1] 如果两个标志不齐全，集体契约说即无法解释法律现象。

自劳动体制改革于20世纪80年代启动以来，我国法律对于劳动规章制定过程中的集体程序，一直采取双轨制加以规定。起初，对于公有制企业，法律法规明确赋予职工代表大会否决劳动规章方案的权利。[2] 而对于非公有制企业，有关规定则仅授权工会代表列席用人单位制定规章的会议。虽然企业“应当听取工会的意见，取得工会的合作”，但是法律并未规定“听而不取”会带来劳动规章的效力瑕疵。[3] 1993年出台的《中华人民共和国公司法》（以下简称《公司法》）采取“就低不就高”的思路，仅规定公司在制定重要劳动规章时应听取工会意见。[4] 这与1988年的《中华人民共和国全民所有制工业企业法》不一致。但是，全国人大常委会并未就如何适用两部法律作出裁决。[5] 随后颁布的《劳动法》也对集体程序不着一词。

---

〔1〕《合同法》第25条（已被《民法典》第483条吸收）、第54条（已被《民法典》第508条等吸收）。

〔2〕《全民所有制工业企业法》（1988年）第52条、《城镇集体所有制企业条例》（1991年）第28条。但是，1990年制定的《乡村集体所有制企业条例》并无类似规定。

〔3〕《外资企业法实施细则》（1990年）第66条。

〔4〕《公司法》第56条，现行《公司法》第18条。

〔5〕《立法法》第85条第1款：“法律之间对同一事项的新的一般规定与旧的特别规定不一致，不能确定如何适用时，由全国人民代表大会常务委员会裁决”。（现行《立法法》第94条第1款）

直到《司法解释一》于2001年问世，集体契约所说的两个基本标志——否决权与效力瑕疵——才获得了全面规定。[1]《司法解释一》延续了集体程序问题的双轨制。对于公有制企业，履行“民主程序”是法院将劳动规章采纳为审理依据的必要条件；而对于非公有制企业，“民主程序”的要求则被虚化，法院转而以内容合法性审查为控制用人自主权的主要手段。[2] 可见，《司法解释一》对于公有制企业采取了集体契约说，对于非公有制企业则否定了集体契约说。

《劳动合同法》立法过程中，曾试图打破双轨制，将劳资“共决”作为所有企业制定规章的法定程序。如果用人单位不履行“共决”程序，法律就将劳方提出的劳动规章方案拟制为双方合意，赋予集体契约的效力。[3] 立法者的尝试旋即受挫。最终出台的法律一方面维持了关于公有制企业的先前规定[4]，另一方面将“共决”程序弱化为协商程序[5]，对不履行协商程序的法律后果则保持沉默。如果集体契约说真如起草者所言被贯彻始终，那么就必须将协商拟制为“共决”，将不履行协商程序的

---

〔1〕《司法解释一》第19条（已被《新司法解释》第50条第1款吸收）。

〔2〕起草者明确指出：“虽然私营企业是一个人说了算，在程序上欠缺，但这只是形式上的瑕疵，关键看其制定的规章制度是否符合法律、法规的内容，同时也要看其是否符合其他条件。”

〔3〕《劳动合同法》一审稿第5条、第51条。

〔4〕起草者指出，新法“并不影响国有企业继续按照《全民所有制工业企业职工代表大会条例》的有关规定执行”。

〔5〕《劳动合同法》第4条。

法律后果等同于不履行“共决”程序。然而，如此拟制却与《劳动合同法》上多项规定不合。比如，由于协商的存在，劳动规章不再符合《合同法》对格式条款的定义。如此一来，集体合同规定的待遇优于劳动规章时，劳动者无法依格式条款的法理而主张采用集体合同规定。这与《司法解释一》的规定相悖。又如，因为劳动规章被拟制为劳资共同制定，则制定后的公示义务不应由用人单位一方承担，而应由双方共担。这与《劳动合同法》的规定相悖。[1] 再如，由于双方的意思都反映在劳动规章当中，如果劳动规章内容违法，则双方都应承担责任，而不宜由用人单位独自承担。这也与《劳动合同法》的规定不符。可见，《劳动合同法》并未始终贯彻集体契约说。

既然集体契约说的解释力不足，地方司法机关就改采其他学说来解释《劳动合同法》关于集体程序的规定。一些省的高级人民法院和劳动仲裁委员会提出：劳动规章即便在制定时并未履行集体程序，只要进行了公示，且内容无违法或“明显不合理”之处，就可以采纳为处理劳动争议的依据。[2] 与《劳动合同法》相比，这种主张事实上取消了集体程序的法律效力，代之以对劳

〔1〕另一种理解是：由于集体合同的生效并不以向劳动者公示为要件（《劳动合同法》第54条），所以劳动者集体与用人单位都没有公示义务。这种理解虽然能够解脱劳动者集体的义务，但也会令用人单位的公示义务失去依据。

〔2〕《江苏意见》第18条，《湖南意见》第17条，《浙江意见》第34条，《广东意见》第20条。最高人民法院曾拟将这种观点写入司法解释。见《最高人民法院关于审理劳动争议案件适用法律若干问题的解释（四）（征求意见稿）》第1条。

动规章内容的合理性审查。姑且不论法院是否拥有合理性审查的权限[1]，在排除集体程序的法律效力之后，合理性审查就可以被单方行为和个别契约的定性所包容。《民法通则》和《合同法》上的“显失公平”的判断标准[2]能够为审查提供依据。

然而，地方司法机关的规定不得抵触《司法解释一》，更不能违背《劳动合同法》。因此，在公有制企业中，劳动规章仍由劳资“共决”，集体程序也仍然是劳动规章发生效力的必要条件，劳动规章应定性为工会与企业之间的集体契约。

（四）三分说与其他学说的比较

由以上分析可知，对于我国劳动规章方面的法律制度，三分说基本可作出较为完满的解释。与三分说相比，现有的三种主要学说均有弱点：

——个别契约说无法解释：不涉及劳动者切身利益的劳动规章，为何无须公示即可生效，而不是必须让劳动者知晓方可生

---

〔1〕司法实务上对此有不同看法。有法官认为，《劳动法》和《劳动合同法》仅授权法院审查劳动规章的合法性，则合理性审查有越权之嫌。例如，屠育（北京市东城区人民法院）：《法院对于劳动者是否严重违反单位劳动纪律应如何进行审查——北京某置业公司与马某劳动争议案》，载北京市劳动和社会保障法学会编：《劳动合同、社会保险与人事争议疑难案例解析》，法律出版社2009年版。还有的法官则赞同合理性审查。例如，程学华（江苏省苏州工业园区人民法院）：《以泄露薪资信息为由开除员工构成违法解除劳动合同》，载《人民法院报》2014年6月5日第7版。最高人民法院则在2014年以公报案例形式肯定了合理性审查。见《张建明诉京隆科技（苏州）公司支付赔偿金纠纷案》，载《最高人民法院公报》2014年第7期。

〔2〕《民法通则》第59条（适用于定性为单方行为的劳动规章，已被《民法典》第147条、第148条、第149条、第150条、第151条等吸收），《合同法》第54条（适用于定性为个别契约的劳动规章，已被《民法典》第508条等吸收）。

效？公有制企业内涉及劳动者切身利益的劳动规章，为何要由工会代表劳动者与企业共同订立，而不是由劳动者个人与企业订立？三分说以个别契约说为基础，又为这两个解释的难题设置了例外，形成一分为三的定性方案，解释力比个别契约说更强；

——与三分说相比，集体契约说虽然在公有制企业“共决”规则的适用上解释力占优，但是无法解释《劳动合同法》根据是否直接涉及劳动者切身利益而对劳动规章所做的划分。至于集体程序方面，集体契约说更与《劳动合同法》上数条规定相抵牾；

——法则说同样无力解释劳动规章被划分为两类的现象。并且，公法制度一般不承认公民对于法令违反上级法或政府违法命令的拒绝权，仅以事后救济保护公民对于法令及执法合法性的正当期待。由是，法则说不能解释劳动者在用人单位违章指挥或劳动规章违法时的解约权。至于公有制企业的“共决”规则，同样非法则说所能涵盖。

总之，通过对现行法律的系统梳理，可以得出劳动规章性质实然层面之争的初步结论：三分说的解释力明显优于个别契约说、集体契约说和法则说。

二、化解应然之争：三分说之检验

（一）作为检验标准的比例原则

评价一个学说的优劣，不仅要看其解释实然现象的能力高下，而且要检验其能否满足应然标准。本章认为，针对劳动规章的定性问题，公法上用来协调公权力与私权利之间关系的比例原则，可资作为判断标准。比例原则是公权干预私权的宪政界限，又是平衡公共目标与私人利益的法律标准。它包含三项要求：其一，公权行使必须以促进公共目标为目的，即“妥当性”原则；其二，在实现公共目标的前提下，公权行使必须选择对于私权侵害最小的手段，即“必要性”原则；其三，不得为公共利益的较小增进而较大地牺牲私益，即“均衡性”原则。[1] 其中，运用必要性原则进行的审查最为常见。

比例原则是否可以应用于劳动法？近年来，比例原则越出公法范围，在私法、社会法、国际法等领域均有应用。学界对此有不同看法：有的学者持稳健立场，主张将比例原则限制在约束公权力之上；有的学者则持发展立场，主张比例原则不仅适用于公权力与对象之间，而且要扩展到各种力量对比悬殊的场合，用来约束强势一方。[2] 在劳动法上，如果采取稳健立场，那么，比例原则应当用于规范国家对于劳动力市场的干预；如果采取发展立场，那么，比例原则还应当用于规范居于强势的用人单位的行为。本章所讨论的是法律对于劳动规章的定性，其本质是国家从劳动规章角度对劳动力市场的干预，处在两种立场的交集之中。

---

〔1〕 郝银钟、席作立：《宪政视角下的比例原则》，载《法商研究》2004 年第 6 期。

〔2〕 刘权、应亮亮：《比例原则适用的跨学科审视与反思》，载《财经法学》2017 年第 5 期。

所以，无论采取哪种立场，将比例原则作为检验劳动规章性质各说的标准，都具有学理的依凭。概言之，劳动法是公权力规制劳资关系的法律依据，而法律定性是规制劳动规章的关键步骤，故应适用比例原则。

在劳动法上，比例原则、特别是必要性原则的应用已有不少先例。大陆法系如德、日等国，用比例原则约束用人单位单方面解除劳动合同的权利，要求在保障用人自主权的同时，将对劳动者生计的损害降低到最小〔1〕；欧盟用比例原则约束就业歧视要求在保障用人自主权的同时，将对于劳动者的区别对待减少到最低〔2〕；国内还有学者提出，应当用比例原则规范政府对于集体劳动关系的干预，乃至将比例原则作为评价劳动法的整体标准〔3〕。可见，将比例原则引入劳动法、检验法律对于劳动规章的干预，不仅没有学理障碍，而且没有实践障碍。

以比例原则审视劳动规章的法律定性问题可知：法律定性应

〔1〕 穆随心：《试论比例原则在惩戒解雇制度中的适用》，载《兰州学刊》2014 年第 1 期；林更盛：《论广义比例原则在解雇法上之适用》，载《中原财经法学》2000 年第 5 期。建议我国借鉴大陆法系做法的文献，见姜颖、李文沛：《试论比例原则在劳动合同解除中的应用》，载《河北法学》2012 年第 8 期；冯嘉林：《比例原则在用人单位单方面解约过程中的适用》，载《人民法院报》2006 年 6 月 21 日，第 B02 版。

〔2〕 欧盟法的应用见高梦伊：《试论比例原则在我国劳动法中的运用》，载《法制与社会》2016 年第 21 期。英国曾经是欧盟成员国，其劳动法同样借鉴了比例原则。孙国平：《英国行政法中的合理性原则与比例原则在劳动法上之适用——兼谈我国的相关实践》，载《环球法律评论》2011 年第 6 期。

〔3〕 艾琳：《比例原则视角下的集体劳动关系治理》，载《贵州社会科学》2016 年第 7 期；艾琳：《基于比例原则的劳动关系法理阐释》，载《特区实践与理论》2016 年第 5 期。

服务于保障劳动者合法权益的立法目标[1]，在效果上也不应发生因小失大、过分限制用人自主权的现象。特别是，为满足必要性原则的要求，法律应提供形式丰富、强度有别的规制手段，且各手段之间应相互配合，从而形成融贯的体系。如此一来，法律欲限制用人自主权时，应从规制强度最小的手段开始尝试；如强度不足，则换用强度超过原手段幅度最小的手段，以此类推。违反必要性原则的典型做法是：跳过强度略大的手段，直接尝试强度更高的手段，以致过分限制用人自主权。[2]

（二）对三分说的检验

既然比例原则是检验标准，那么，对于劳动规章的三分式定性，是否符合比例原则？本章认为，三分说能够使得现行法律基本符合比例原则要求，以对用人自主权的最小限制来实现保护劳动者的公共目标。三分说对于比例原则的贯彻主要体现在五个方面：

其一，关于制定劳动规章是否需要劳动者承诺及如何承诺，按照比例原则的要求，应优先考虑无须劳动者承诺，如果对劳动

---

〔1〕《劳动法》第1条，《劳动合同法》第1条。

〔2〕类似的错误做法是：将本应作为原则的低强度规制手段当成例外，而将本应作为例外的高强度规制手段当作原则。对待原则的转换尤须审慎。比如，美国法上长期以劳动规章不是契约为原则，自20世纪80年代起方稳步转向以劳动规章是单诺契约（unilateral contract）为原则。时至今日，仍有佛罗里达等个别州不承认劳动规章的强制执行效力（enforceability），原则的转换尚未最终完成。J. H. Verkerke, *The Story of Woolley v. Hoffmann-La Roche: Finding a Way to Enforce Employee Handbook Promises*, in Samuel Estreicher & Gillian Lester (eds.), Employment Law Stories, Foundation Press, 2007.

者保护不足则顺次考虑默示承诺和明示承诺。三分说将直接涉及劳动者切身利益的劳动规章定性为依默示承诺成立的个别契约，而将其他劳动规章定性为无相对人的单方行为。由于法律规制的重心在于直接涉及劳动者切身利益的劳动规章，三分说事实上建立了以默示承诺为原则、以无须承诺为例外的规制体系[1]，仅在公有制企业保留以明示承诺成立集体契约。

其二，关于制定劳动规章的缔约方式，按照比例原则的要求，应优先考虑附和缔约，如果对劳动者保护不足再考虑个别磋商。三分说充分利用附和缔约下的合同解释规则、注意义务分配规则等保护劳动者，同样仅在公有制企业保留个别磋商成立集体契约。

其三，关于缔结劳动规章的自由度，按照比例原则的要求，应优先考虑自由缔约，如果对劳动者保护不足再考虑强制缔约。三分说将强制缔约主要限制在用人单位行使违纪解约权的条件上，一般坚守自由缔约原则。

其四，关于审查劳动规章内容的标准，按照比例原则的要求，应优先考虑合法性审查，如果对劳动者保护不足再考虑合理

〔1〕 依默示承诺成立的契约相当于美国法上的单诺契约。“单诺契约说”同样是美国法上解释劳动规章性质的主流学说和司法见解。关于单诺契约，参见［美］E. 艾伦·范斯沃斯：《美国合同法》（原书第三版），葛云松、丁春艳译，中国政法大学出版社 2004 年版；孙新强、孙凤举：《论英美法上的单诺合同和双诺合同——兼与杨祯教授商榷》，载《环球法律评论》2005 年第 5 期。

性审查。三分说仅将合理性审查用作替代集体程序功能的手段，并且引入《民法通则》和《合同法》上的“显失公平”的判断标准[1]来限制法官裁量权，较妥当地处理了合法性审查与合理性审查的关系。

其五，关于法律事实的确认方式，按照比例原则的要求，应优先考虑对客观事实的认定，如果对劳动者保护不足再考虑推定和拟制法律事实。三分说基本采取了认定客观事实的做法，仅在三处进行了拟制：用人单位违章指挥时，拟制劳动者对劳动安全规章的明知；劳动者因用人单位违章行使拒绝权和解约权时，拟制劳动合同维护劳动者身心健康的目的；劳动者因用人单位违章而即时解约时，拟制劳动者对用人单位的通知。劳动规章系用人单位制定，劳动者至多有附和地位，故用人单位出尔反尔、有章不循对于劳动者的威胁甚大，采取拟制措施加强保护实属必要。[2]

---

〔1〕《民法通则》第59条（适用于定性为单方行为的劳动规章，已被《民法典》第147条、第148条、第149条、第150条、第151条等吸收），《合同法》第54条（适用于定性为个别契约的劳动规章，已被《民法典》第508条等吸收）。

〔2〕应该指出，默示的行为被视作承诺，本身也是一种拟制，至少是法律推定而非对客观事实的认定。类似地，美国法上将劳动者得知劳动规章后继续工作（而不依任意雇佣规则辞职）视为要约的对价，也是一种法律拟制。学者指出，围绕单诺契约的整个交易都是法院拟制而来，但是为实现公共政策目标（保护劳动者对于劳动规章约束力的正当预期），这种拟制不仅便当，而且可以理解。Stephen F. Befort，*Employee Handbooks and the Legal Effect of Disclaimers*，13 Indus. Rel. L. J. 326，343（1991/1992）. 这个道理对于我国同样适用。可见，法律拟制的依据是对合意以外因素的考察。这种打破合意局限、注重合意周边环境的契约观，就是“关系契约论”（relational contract theory）。参见 Melvin A. Eisenberg，*Why There Is No Law of Relational Contracts*，94 Nw. U. L. Rev. 805（2000）.

（三）三分说与其他学说的比较

三分说固然符合比例原则，而其他学说同样与比例原则不无契合之处。取舍的标准在于：哪种学说能够为法律规制劳动规章提供形式更丰富、强度选项更多的规制手段，哪种学说就能够更精确地平衡保护劳动者与维护单位用人自主权两种需求，因而更为可取。根据这一标准，三分说较之法则说和集体契约说有明显优势。

法律将劳动规章定性为法则，就是为了将公法上对于立法的约束机制移植到劳动法上。移植的逻辑是：将劳动规章拟制为国家立法。移植而来的约束机制主要包括三个方面：一是法律保留制度。《立法法》规定：某些事项只能制定法律；《劳动合同法》相应要求：用人单位以劳动者违纪为由解除劳动合同的，该纪律必须载于事前制定的劳动规章之中。二是法律位阶制度。《立法法》确立了下位法不得与上位法抵触的原则，《劳动法》相应禁止劳动规章违反法律、法规。三是法律公布制度。《立法法》规定：全国人大及其常委会通过的法律，必须根据主席令公布；《劳动合同法》相应要求劳动规章必须由用人单位公示或告知劳动者。可见，法则说反映了劳动法与“公法社会化”潮流的契合之处。

将法则说与三分说对比，不难发现，法则说对于用人自主权的各种约束机制，在三分说上均可以找到等效物：“法律保留”

的效果相当于强制缔约；“法律位阶”与对契约内容的合法性限制近似；而“法律公布”则与要约的到达生效制度一致。反过来看，三分说所提供的许多规制选项则是法则说所不具备的。比如，三分说可以解释：当用人单位严重违反安全生产规章时，劳动者拥有拒绝权和解约权。而根据法则说，即使用人单位违反了法则，劳动者也仍然负有遵守法则的义务，拒绝和解约均无从谈起。如此看来，契约说所提供的规制手段比法则说更丰富，且各手段规制强度不一，相互之间又以合同法一般理论连结，构成融贯的体系，因此更能满足必要性原则的要求。

排除了法则说之后，再来比较三分说与集体契约说。集体契约说的主要优势在于解释公有制企业内的劳资“共决”制度，而一旦将视角转向其他企业，集体契约说的所可提供的规制手段就非常有限了，无法与三分说相比。这主要是源于我国立法对某些规制手段的排除。集体契约说的逻辑是：将劳动规章拟制为集体合同。而我国关于集体合同的立法主要是《劳动合同法》。根据该法，不论劳资当中的哪一方提出缔结集体合同的要约，对方都只能以明示方式承诺。并且，集体合同只能以个别磋商方式制定，不得以附和方式缔结。[1] 当用人单位违反集体合同时，《劳动合同法》只规定工会可以要求用人单位承担责任[2]，却没有

〔1〕《劳动合同法》第51条。
〔2〕《劳动合同法》第56条。

规定劳动者自行寻求救济的手段；劳动者依个别契约说所享有的同时履行抗辩权、解约权和损害赔偿请求权究竟是否成立，均仍未解决。可见，我国集体合同制度很不发达，集体契约说并不能从中移植足够的规制手段，无法匹敌从民法和合同法制度中开掘规制手段的三分说。[1]

总之，法则说、集体契约说与个别契约说，分别以《立法法》、《劳动合同法》集体合同章和《民法典》特别是“合同编”为土壤，从中汲取规制手段的养分。土壤的肥沃与贫瘠，在很大程度上决定了三种学说实现比例原则要求的能力高低。

三、探索改革之道：三分说的发展

综上所述，无论从实然还是应然层面，三分说均能够对各主流学说形成优势。评价现状是为了展望未来。围绕劳动规章的法律规制，当前学术和实务上讨论较多的问题有三：一是劳动规章规定的待遇优于劳动合同时应如何适用；二是对劳动规章规定违

---

〔1〕集体协商有助于改善个别协商中劳资谈判力失衡的局面，但这并不意味着集体契约说能够为劳动者提供更多保护。一方面，劳动者所获得的保护不仅可从谈判桌上争取来（约定的利益），而且可以由法律赋予（法定的利益）。采取个别契约说，即使劳动者所获约定利益较少，也完全可以通过法定利益实现再平衡。另一方面，集体协商组织因代表遴选方式、谈判资质和经验等欠缺，乃至自利倾向和“多数人暴政”等，存在不当代表（mis-representation）劳动者的风险。更根本地，评价学说优劣的标准并不在于对劳动者保护的多寡，而在于能否以对用人自主权限制最小的方式来实现保护劳动权的目的。

纪罚款等内容应如何评价；三是对劳动规章的更改应如何控制。这些问题将成为我国劳动规章法律制度的重要生长点，而其实质仍然是平衡用人自主权与劳动者的权益。权利的平衡离不开对于劳动关系实践的详细考察，指望根据某种原则推导出万全之法并不现实，也并非本章的主旨。但是，任何问题的解决方案都是各种规制手段的综合运用。在比例原则的指引下，检讨三分说所提供的规制手段体系，就能够跳出非此即彼的思维定式，为问题的解决开辟新的思路。

（一）劳动规章待遇优于劳动合同时的适用

假如发生与《司法解释二》第16条所言相反的情形——劳动规章中为劳动者设定的待遇优于劳动合同规定，则如何适用？就劳动规章与集体合同的关系而言，由于法律仅要求劳动规章的待遇不得低于合同，则此种情形当然合法，无解释障碍。[1] 而就劳动规章与个别劳动合同的关系而言，究竟是应该遵循格式条款法理、适用个别劳动合同的较低待遇[2]，还是为保护劳动者计，突破格式条款法理，采取“就高不就低”原则，适用劳动

〔1〕 各地集体合同立法均采此说。例如：《山西省企业集体合同条例》第34条，《内蒙古自治区企业集体合同条例》第27条，《山东省劳动合同条例》第33条，《江西省集体合同条例》第5条，《安徽省集体合同条例》第5条，《江苏省集体合同条例》第4条，《上海市集体合同条例》第23条。

〔2〕 丁建安：《企业劳动规章制度研究》，中国政法大学出版社2014年版。

规章的较高待遇?[1]

本章认为，劳动规章与劳动合同的适用并不存在统一的规则；法律应当引入对劳动合同内容的合理性审查，具体分析劳动合同待遇较低的原因。如果用人单位降低待遇是以其他利益为对价的（例如，以更严苛的工时制度为条件，提供更好的培训机会），则只要对价并无明显不公，劳动合同就是合理的，应当适用格式条款法理。而如果用人单位降低待遇并无对价，或者对价明显不公，则劳动合同并不合理。此时法律可将劳动规章中的较优待遇拟制为劳资双方的真实合意，从而“就高不就低”。这种具体问题具体分析的做法，将变通格式条款法理的限度降到了最低，反映了比例原则的要求。

（二）劳动规章规定违纪罚款等内容的评价

劳动规章中的违纪罚款内容，近年已成讨论热点。依三分说，劳动规章是依劳动者默示承诺而成立的契约；违纪罚款属于劳资双方的约定违约金，且为惩罚性违约金。[2] 争议发生于两

---

〔1〕 2013 年修订的《江苏省劳动合同条例》则写入了“就高不就低”规则。第 22 条：“用人单位和劳动者对劳动报酬、劳动条件等没有约定或者约定不明确的，双方可以协商；协商不成的，按照下列规定确定：（一）实际劳动报酬和劳动条件高于用人单位规章制度及集体合同规定标准的，按照实际履行的内容确定；（二）实际履行的内容低于用人单位规章制度或者集体合同规定标准的，按照其中有利于劳动者的最高标准确定；……”也有主张无论待遇高低，一律优先适用劳动规章的。例如廖名宗：《劳动规章制度研究》，法律出版社 2009 年版。

〔2〕 违纪罚款不是赔偿性违约金，所以用人单位可以在罚款的同时追索赔偿，用以弥补违纪对于用人单位利益的损害。例如《南京市企业工资支付办法》第 39 条、《山东省企业工资支付规定》第 30 条。

个层面：一是劳动规章规定违纪罚款的合法性；二是这种规定的合理性。合法性争议的本质是法律解释问题。用人单位对违纪员工课以罚款的最初依据是1982年出台的《企业职工奖惩条例》。2008年，国务院决定废止该条例，理由是其已被《劳动法》和《劳动合同法》代替。[1]《企业职工奖惩条例》自此不复为违纪罚款的依据。而《劳动法》并未禁止违纪罚款。相反，立法者还明确将劳动者违纪、用人单位依劳动规章扣除工资的情形排除出法律禁止的"克扣"行为。[2] 不过，《劳动合同法》则规定：除服务期协议、竞业限制协议和保密协议外，"用人单位不得与劳动者约定由劳动者承担违约金"。[3] 从字面意思上讲，以劳动规章形式约定的违纪罚款应该在禁止之列。况且，惩罚性违约金有担保债权的功能，而《劳动合同法》不仅禁止用人单位要求劳动者提供担保[4]，立法者还在阐释相关法条时否定了惩罚性违约金的存在空间。[5] 依三分说，劳动规章所规定的违纪罚款

〔1〕《国务院关于废止部分行政法规的决定》（国务院令第516号）附件1：国务院决定废止的行政法规目录（49件），序号17。

〔2〕《劳动法》第50条。全国人大常委会法制工作委员会国家法行政法室、中华人民共和国劳动部政策法规司、中华全国总工会法律工作部编著：《〈中华人民共和国劳动法〉释义》，工人出版社1994年版。

〔3〕《劳动合同法》第25条。

〔4〕《劳动合同法》第9条。

〔5〕全国人民代表大会常务委员会法制工作委员会编：《中华人民共和国劳动合同法释义》，法律出版社2013年版。

抵触《劳动合同法》。[1] 这也可以解释2013年履行的《广东省劳动保障监察条例》为何禁止劳动规章规定罚款内容。[2]

然而，合法性之争的初步结论，并不能打消对于劳动规章违纪罚款内容合理性的反思。法律之所以禁止违纪罚款规定，无非是担心用人单位利用主导劳动规章制定的优势，规定不公平的违纪罚款，过分侵夺劳动者的劳动权、特别是获得劳动报酬权，导致劳资权益失衡。而法律平衡劳资权益时应该遵循比例原则，在维护劳动者利益时应将对用人自主权的限制控制到最小。以此为标准，《劳动合同法》绝对禁止用人单位约定违纪罚款的缔约自由，对用人自主权的限制失之过严。法律完全可以尝试综合运用三分说所提供的规制工具，对违纪罚款规定作更为精细的限制。这也是大部分地方工资支付立法的经验。一些地方对违纪罚款所占工资的比例、扣除罚款后的工资余额下限作出规定，为违纪罚款条款的合法性审查提供了依据。[3] 另一些地方则规定违纪罚款必须事先写入劳动规章或劳动合同，采用强制缔约的办法限制用人自主权。[4] 如果立法者希望进一步收紧对用人自主权的控制，

[1] 如果改采法则说，虽然可以规避《劳动合同法》上对惩罚性赔偿金和担保的禁令，但是面临无法解释的难题：罚款属于行政处罚的一种，只能由法律、法规或规章设定，且罚款权不得转授，则用人单位设定罚款无法律依据。《中华人民共和国行政处罚法》第8条至第14条。这也是论者反对劳动规章规定违纪罚款的最重要依据。

[2] 《广东省劳动保障监察条例》第51条（2019年修改后为第50条）。

[3] 例如《辽宁省工资支付规定》第19条第2款。

[4] 例如《北京市工资支付规定》第11条第2款。

不仅可以设定更高的合法性门槛、禁止以劳动合同形式规定违纪罚款[1]，而且可以考虑引入新的规制工具。比如，可以提高劳动者承诺的形式要求，规定违纪罚款内容需获得劳动者明示的、有针对性的同意；并且援用格式合同的法理，要求用人单位就相关内容对劳动者详作解释，防止劳动者误解。又如，劳动规章和劳动合同对于违章罚款的规定不一致时，法律可以采取“就宽不就严”的原则，将罚款严厉性较轻的规定拟制为双方的真实合意。此外，法律尚可对不同的罚款事项作出区分，一方面严格禁止担保劳动者不提前辞职的罚款[2]，另一方面准许但严格限制其他事项的罚款。

总之，根据比例原则，劳动规章并非一概不能写入违纪罚款内容，而是应该综合采取各种规制手段，以对用人自主权限制最小的方式保障劳动者的权益。这一思路对于评价劳动规章中的其他内容（如竞业限制规定）均有借鉴意义。今后我国完善法治，亦可资参照。

（三）劳动规章变更的控制

劳动规章的变更、特别是变更内容削减劳动者依劳动合同所享有利益的“不利变更”，近年超越劳动规章的订立问题，成为学术和实务上的焦点。依三分说，不直接涉及劳动者切身利益的

---

〔1〕有论者即主张“劳动合同不得约定劳动纪律”，包括违纪罚款。丁建安：《企业劳动规章制度研究》，中国政法大学出版社2014年版。

〔2〕这种罚款是《劳动合同法》立法的主要针对对象。全国人民代表大会常务委员会法制工作委员会编：《中华人民共和国劳动合同法释义》，法律出版社2013年版。

劳动规章，其性质属于无相对人的单方法律行为，用人单位以单方意思表示即可变更之。而直接涉及劳动者切身利益的规章，其性质属于以默示承诺缔结的个别契约，则变更时应遵循《劳动合同法》，由劳资双方个别协商决定。[1] 然而，《劳动合同法》将变更时控制用人自主权的希望完全寄托于集体协商，不仅脱离我国集体谈判不发达的现状，而且经过地方司法指导意见的解释，集体协商程序的法律效力已经虚化。[2] 为了平衡劳资双方利益，既不宜绝对禁止变更劳动规章[3]，又不能不对用人单位主导劳动规章变更的能力作出限制。[4] 应该根据比例原则的要求，综合考虑可以选择的规制手段。

合同法上关于合同变更的法理，可以提供一项重要的规制手

---

〔1〕《劳动合同法》第35条。

〔2〕最高人民法院也曾设想以司法解释作类似规定。学者多主张以加强集体协商的法律效力应对之，即劳动规章非经集体协商，不得变更。例如丁建安：《论企业劳动规章不利变更法律制度的完善》，载《东方法学》2014年第1期。但是，强化集体协商效力势必采取集体契约说，而集体契约说与现行法律多项制度不合。

〔3〕对劳动规章的修改限制过严，有可能使得雇主无法就赋予员工更多福利进行试验，这会最终损害其竞争力。See Steven L. Willborn et al., *Employment Law: Cases and Materials* (4th ed.), LexisNexis, 2006. 并且，即便劳动规章的变更对劳动者不利，用人单位也并非单纯的受益者，而是要付出其他代价。劳动规章的不利变更无异于告诉劳动者：用人单位以劳动规章形式许下的承诺（比如不因劳动规章以外的原因单方解约）并不可靠。这不仅会降低用人单位对于劳动者的吸引力，而且会使得劳动者转而通过结社寻求更可靠的承诺——集体合同。W. David Slawson, *Unilateral Contracts of Employment: Does Contract Law Conflict with Public Policy?*, 10 Tex. Wesleyan L. Rev. 9 (2003). 是故，对于用人单位变更劳动规章权利的控制仍应遵循比例原则，不可绝对化。

〔4〕《最高人民法院关于审理劳动争议案件适用法律若干问题的解释（四）（征求意见稿）》第13条曾拟规定：用人单位变更劳动合同，"虽未协商但双方已实际履行"的，变更有效。这一规定没有考虑到劳动者为维生所迫而履行变更后的劳动规章的情形，几乎赋予用人单位单方变更权，殊为不妥。

段——变更的溯及力控制。合同变更原则上仅向未来发生效力，不得溯及依原合同已经完成的给付。[1] 美国及日本判例上均将该法理适用于劳动规章的变更，禁止以变更损害劳动者的“既得利益”（vested benefits）。[2] 至于“既得利益”的范围，除已完成的给付（如用人单位依劳动规章支付的补贴）外，是否包括对于将来给付的承诺（如劳动规章规定的退休待遇），以及对于就业稳定性的承诺，法律上可引入内容控制，将少数虽然尚未给付、但是特别重大的期待利益列入不得变更的范围。对于用人单位“因人设章”，特别是为处置个别员工而临时修改劳动规章的问题，可以考虑以法律规定劳动规章变更内容公示与生效之间的间隔，该间隔应足以让不愿接受变更的劳动者辞职并另谋职业。[3] 除合同变更的法理外，由于变更方案系用人单位拟订，合同法上格式合同的法理仍可适用。如果变更会减少劳动者的利益、减轻用人单位的责任，用人单位应依法采取合理方式提请劳动者注意相关内容，并按照劳动者要求作出解释。[4]

---

〔1〕 崔建远：《合同法总论（中卷）》，中国人民大学出版社2012年版。

〔2〕 Asmus v. Pacific Bell, 999 P. 2d 71（Cal. 2000）. 日本判例对于既得利益与未来利益的区分，参见郑尚元：《劳动合同法的制度与理念》，中国政法大学出版社2008年版。

〔3〕 Asmus v. Pacific Bell, 999 P. 2d 71（Cal. 2000）. 美国司法上对于间隔时长的标准尚有不同看法，参见 Timothy P. Glynn, Rachel S. Arnow-Richman & Charles A. Sullivan, *Employment Law: Private Ordering and Its Limitations*（2nd ed.）, Wolters Kluwer, 2011.

〔4〕《合同法》第39条（已被《民法典》第496条吸收）。美国法上亦有类似制度：法院要求雇主必须告知雇员欲做的更改，并且让雇员明白修改对于先前劳动契约的影响。Demasse v. ITT Corp., 984 P. 2d 1138（Ariz. 1999）.

假如合同变更及格式合同的法理仍不足以保护劳动者，可以考虑提升劳动者对于变更作出承诺的形式要求，要求劳动者必须明示承诺接受变更，否则变更对于该劳动者无效。[1] 美国判例上即有如此要求者。[2] 但是，依三分说，我国现行法律从未将劳动规章定性为依明示承诺成立的契约。如果引入明示承诺要求，不免过于刺目。[3] 作为替代，可以考虑仿照劳动规章违法的情形，允许劳动者以辞职来明示拒绝变更的要约。为此应赋予劳动者解约权，并要求用人单位支付补偿金。[4]

* * *

试图对劳动规章性质之争作出结论是困难的——写作本章的

---

〔1〕 我国法院有类似的判决。见张寒松：《用人单位的规章制度成为劳动合同的条款须经协商一致》，载北京市第一中级人民法院民一庭编著：《劳动法审判实务与典型案例评析》，中国检察出版社 2005 年版。

〔2〕 Demasse v. ITT Corp. , 984 P. 2d 1138 (Ariz. 1999) .

〔3〕 对于美国法来说，问题远比“刺目”要严重。由于劳动规章一直被定性为单诺契约，法院对于变更劳动规章提出明示要求，等于将单诺契约改为双诺契约，这会动摇所有基于单诺契约的劳动规章法制。对于劳动规章中有利于雇员的内容，法院为使其具有契约的拘束力，降低承诺形式要求，甚至推定劳动规章一经制定就获得了全体雇员的默示承诺（参见前引 Woolley v. Hoffman La Roche 案）；而对于劳动规章中不利于雇员的内容，法院为了限制其拘束力，抬高承诺要求，规定承诺必须是明示的、劳动者个人作出的（参见前引 Demasse v. ITT Corp. 案）。为了政策需求而对契约法做如此自相矛盾的阐释，学者多有批评。

〔4〕 参见丁建安：《论企业劳动规章不利变更法律制度的完善》，载《东方法学》2014 年第 1 期。此外，《合同法》上不仅允许依协商变更合同，而且在某些情况下允许合同的一方自行变更合同并承担负面法律后果。例如，定作人中途变更承揽工作要求，造成承揽人损失的，应当赔偿损失（《合同法》第 258 条，已被《民法典》第 777 条吸收）。参见韩世远：《合同法总论》（第三版），法律出版社 2011 年版。依三分说，某些劳动规章亦可定性为有相对人的单方行为，则《合同法》上的有关规定或许可资借鉴。不过，《劳动合同法》的立法者明确表示反对单方变更。参见全国人民代表大会常务委员会法制工作委员会编：《中华人民共和国劳动合同法释义》，法律出版社 2013 年版。

苦旅即为明证。而试图以结论来终止探讨则是徒劳且危险的。“结论只是人们为了退出某一具体研究时一个比较有效又体面的战术或策略。”[1]对于劳动规章性质的研究而言，当下需要的不是退出，而是深入；不是定论，而是对推翻成说的契机的敏感。

展望未来的劳动规章性质之争，重要的进展可能出现在两个方向。几乎肯定会发生的是：我国法治实践中引入了新的规制手段，或者对规制手段之间的关系作重大调整，将会挑战三分说的解释力。如果立法法和集体合同法的制度与理论取得长足进展、为法则说和集体契约说注入新的生命力，那么各学说之间的高下之争可能将呈现出新的局面。然而，无论解释论的风云如何变幻，比例原则将继续担当评价学说和制度的标准，这即是劳动法学发展的辩证法。

---

〔1〕 苏力：《法治及其本土资源》，中国政法大学出版社1996年版。

第三章　比例原则的应用（Ⅱ）：法定在职竞业限制义务的存废

为了促进企业研发投资，维护商业道德，各国法律均以保护企业商业秘密为要务。而劳动者因履行职务之故，获知用人单位商业秘密颇多。法律为防止劳动者泄密、并在秘密遭泄露时救济用人单位，普遍认为劳动者负有保守商业秘密的义务。这种义务可以由约定而来，遵循劳资双方的保密协议或竞业限制协议；也可以由法律直接规定，包括法定保密义务及其延伸——法定竞业限制义务。在我国，劳动者泄密历来是法律关注的焦点所在。《劳动法》即规定了保密协议事项，《劳动合同法》和相关司法解释则建立和完善了竞业限制协议制度。然而，在约定保密义务之外，劳动者保守商业秘密的法定义务却长期处于边缘状态。

以约定方式保护用人单位商业秘密，须依赖合意的达成，范围也以合意所及为限。随着社会经济发展，商业秘密的约定保护显露缺陷，用人单位寻求法定保护的尝试日益增多。存疑之处随之涌现，并渐而集中于两大问题：一是劳动者负有保守商业秘密的法定义务，则该义务的法律基础何在、效力结构如何？二是法定保密义务是否延伸到在职竞业限制？这些疑问的解答，涉及劳动法、合同法及知识产权法等多个法律部门，需要协调劳动者与用人单位的利益冲突，更要求综合运用文义解释、原意解释、体系解释和利益平衡等法律解释工具。通过梳理有关学说，辨析上述疑问，本章旨在廓清我国劳动者保守商业秘密的法定义务。

一、法定保密义务的法律基础之争

劳动者是否负有保守用人单位商业秘密的法定义务？对于高级管理人员，根据《公司法》第 148 条规定，该义务存在无疑。而对于高管之外的普通劳动者，这一问题自《中华人民共和国反不正当竞争法》（以下简称《反不正当竞争法》）始，演化至今，部门法学之间、理论与实务之间聚讼纷纭，尚无定论。本章将这些见解概括为三种学说：正当竞争义务说、忠实义务说和诚实信用义务说。

（一）正当竞争义务说

正当竞争义务说认为，劳动者的法定保密义务源自《反不正当竞争法》。该法禁止用人单位的职工“违反保密义务或者违反权利人有关保守商业秘密的要求，披露、使用或者允许他人使用其所掌握的商业秘密”（第9条）。[1] 据此，虽然劳动者负有法定保密义务，但是该义务的产生以用人单位提出保密要求为前提。显然，用人单位如果就保密问题制定规章、发布通知，就足以构成提出保密要求。[2] 这是知识产权法学界的常见主张。

就正当竞争义务说而言，主要问题在于：立法上保密“要求”的含义不清。“要求”究竟是必须以明示方式为之，还是可以从行为中推断？一方面，如果用人单位须明确提出保密要求，不但有苛求之嫌，而且会产生悖论：对于那些无权掌握商业秘密的职工，用人单位无须要求其保密；然而，另一方面，这些职工一旦不当获取商业秘密，由于事先并未接到保密的明令，就不负有保密义务，这显然是荒谬的。从保护商业秘密的需要出发，不应将保密要求的形式限定为明示。

另一方面，如果只要用人单位采取了保密措施，就认定为提出了保密要求，则可能对劳动者过分严厉。根据最高人民法院的司法解释，用人单位只要“限定涉密信息的知悉范围，只对必须知悉的相关人员告知其内容”，就可以认定为采取了保密措

〔1〕 原文的禁止对象是经营者，但是根据立法者的说明，这里的“经营者”涵盖了用人单位职工。全国人大常委会法制工作委员会民法室编著：《〈中华人民共和国反不正当竞争法〉讲话》，法律出版社1994年版。

〔2〕 例如，《深圳经济特区企业技术秘密保护条例》中规定，企业可以通过签订保密协议、公布保密制度、发放保密费等方式向员工提出保密要求。

施。[1] 然而，劳动者完全可能并不知道自己得知的信息属于商业秘密。当劳动者将这些信息泄露于外时，如果让其承担泄露商业秘密的责任，就等于将判断信息是否属于商业秘密的注意义务加诸劳动者一方。而信息是否属于商业秘密，在很大程度上由用人单位一方所决定，让劳动者独立判断难度太大，有失公平。从维护劳动者权益的角度出发，用人单位有义务将信息是否属于商业秘密告知掌握信息的劳动者。

两方面综合而论，为平衡劳资利益，《反不正当竞争法》需要明确用人单位提出保密要求的形式要件。如果用人单位针对某信息采取了保密措施，并且将该信息属于商业秘密的性质告知了劳动者，那么无论用人单位是否明示提出保密要求，劳动者均应负有保密义务。然而，《反不正当竞争法》于 2017 年修订时，上述学理分析并没有获得采纳，故正当竞争义务说的缺陷——“要求”的含义不清——无法解决。劳动法学界放弃该说、转向忠实义务说，可能就有修法暂未提上议程的原因。

（二）忠实义务说

忠实义务说认为，劳动关系的人身属性内在地规定了劳动者对于用人单位负有忠实义务，而保守用人单位商业秘密是忠实义

〔1〕《最高人民法院关于审理不正当竞争民事案件应用法律若干问题的解释》第 11 条第 3 款第 1 项。

务的内容之一。《劳动合同法》起草者即持此说。[1] 根据忠实义务说，劳动者承担保密义务并不以用人单位提出要求为前提。这一学说近年渐成劳动法学界的常见主张。[2]

就主张法定保密义务源自忠实义务的进路而言，首先面临法律依据不足问题。“忠实义务”并非我国劳动法上的概念，而是取自英美法。美国法上雇员对于雇主的忠实义务基本是从判例当中抽象而来。[3] 我国《立法法》上并无判例造法的空间，故忠实义务有赖立法创设。而《劳动法》及《劳动合同法》并无条文表达概括的忠实义务。[4] 即使《劳动合同法》的起草者确有让劳动者承担忠实义务的意思，为了保持法律最起码的可知性、确定性，除非这一意思通过法律条文获得表达，否则不应认为《劳动合同法》已经创设忠实义务。即使抛开法律依据问题不论，因为忠实义务以劳动者对于用人单位的人身附属关系为基础，一旦劳动者离职，忠实义务即不复存在，故忠实义务说无法

---

〔1〕 全国人民代表大会常务委员会法制工作委员会编：《中华人民共和国劳动合同法释义》，法律出版社2013年版。

〔2〕 参见许建宇：《劳动者忠实义务论》，载《清华法学》2014年第6期。

〔3〕 Jeffrey M. Hirsch, Paul M. Secunda & Richard A. Bales, *Understanding Employment Law* (2nd ed.), LexisNexis, 2013. 正因如此，以整理判例、统一各州裁判标准为己任的美国法律研究会（American Law Institute）才在《雇佣法重述》中列入了忠实义务的内容。见 American Law Institute, *Restatement (Third) of Law: Employment Law*, 2014, § 8.01。

〔4〕 美国法上，忠实义务一般至少包括三个方面内容：劳动者保守用人单位商业秘密的义务，劳动者在职期间的竞业限制义务，以及劳动者禁止谋取用人单位财产或与用人单位进行自我交易的义务。American Law Institute, *Restatement (Third) of Law: Employment Law*, 2014, Reporter's Note a. to § 8.01. 我国劳动法上虽然没有概括地规定忠实义务，然而是否规定了忠实义务的某些方面内容、特别是在职竞业限制义务，则可讨论。参见本章第三部分。

解释劳动关系解除和终止后劳动者为何仍要负法定保密义务。

（三）诚实信用义务说

诚实信用义务说认为，《合同法》和《劳动合同法》都规定了诚实信用原则[1]，而劳动者保守用人单位商业秘密是诚实信用原则的要求。[2] 与忠实义务说类似，根据诚信义务说，无须用人单位作出“要求”，即可成立劳动者的保密义务。诚信义务说主要为实务界所采纳，见于判例之中。

与正当竞争义务说相比，诚信义务说不存在法律含义不清的缺陷；与忠实义务说相比，诚信义务说不存在法律依据不足的桎梏，并且不局限于劳动关系存续期间，而是及于劳动关系解除和终止之后。这是将《合同法》适用于劳动合同的结果。诚实信用乃《合同法》上的一般原则，在合同存续期间表现为附随义务，在合同终止之后则表现为后合同义务。附随义务与后合同义务都包含保密的内容。劳动合同是合同的一种，《劳动合同法》系《合同法》的特别法。依《立法法》，对于《劳动合同法》没有规定的事项，只要《劳动合同法》的规定与《合同法》没有“不一致”，也即适用《合同法》不会抵触《劳动合同法》基本原则，就应当适用《合同法》。据此，要将《合同法》上的保密

〔1〕《合同法》第6条（已被《民法典》第509条等吸收），《劳动合同法》第3条第1款。

〔2〕例如，北京市第一中级人民法院民一庭：《侵犯商业秘密的行为应当如何认定——黎某与A公司劳动争议案》，载北京市劳动和社会保障法学会编：《劳动争议新型疑难案例解析》，法律出版社2007年版。

义务适用于劳动合同，须满足两个条件：一是《劳动合同法》不排除诚实信用原则的适用；二是《劳动合同法》不排除附随义务和后合同义务的存在。

上述两个条件都是满足的。对于第一个条件，《劳动法》并没有规定诚实信用原则。《劳动合同法》第一次引入诚实信用原则，其第 3 条第 1 款规定：“订立劳动合同，应当遵循合法、公平、平等自愿、协商一致、诚实信用的原则。”虽然就字面而言，可以理解为诚实信用原则仅约束合同的订立阶段。但是，第 3 条位于该法“总则”章，顾名思义，统摄劳动合同的订立（第二章）、履行和变更（第三章）、解除和终止（第四章）。运用体系解释法，认定劳动合同在存续期间和消灭之后均受诚实信用原则统帅，当不违背《劳动合同法》的立法原意。这样，诚实信用原则就成为《合同法》和《劳动合同法》的共同原则，其效力及于（劳动）合同存续期间和消灭之后。对于第二个条件，《劳动合同法》第 50 条明文规定了劳动合同解除或终止后劳动者负有后合同义务，也没有就劳动关系存续期间的附随义务作出排除规定。这样，将《合同法》上保密义务适用于劳动合同的两个条件均满足。无论在劳动关系存续期间，还是劳动合同解除和终止之后，劳动者依诚实信用原则，都负有保守用人单位商业秘密的义务。

综上所述，关于劳动者保密义务的法律基础，三种常见学说各有法理依据，均资借鉴，但并非没有优劣之分。正当竞争义务说的法律含义尚未拓清，忠实义务说的法律依据尚未补足，故均不如诚实信用义务说可取。劳动者法定保密义务的法律基础，以奠定于诚实信用义务说为最佳。具体而论，保密义务属于诚信义务，诚信义务则源自《劳动合同法》。

二、违反法定保密义务的法律后果之争

劳动者违反保守用人单位商业秘密的法定义务，会产生怎样的法律后果？这里分为劳动者在职期间和离职之后两种情况来讨论。劳动者在职期间违反保密义务的，构成《合同法》上的合同义务不履行，应当承担继续履行、采取补救措施或者赔偿损失等违约责任。争议的焦点在于：用人单位是否享有解除劳动合同的权利？

根据合同法的一般原理，保密义务只是附随义务，而附随义务的债权人并不享有解除合同的权利。[1] 这个原理对于劳动合同是否适用？劳动合同是一种特别强调信赖基础的继续性合同。如果劳动者违反保密义务，必然削弱信赖的根基；特别是，假如违反保密义务的行为给用人单位造成比较严重的损害，则用人单位对劳动者的信赖势必遭受致命打击，难以维系。在信赖已经丧

〔1〕 韩世远：《合同法总论》（第三版），法律出版社2011年版。但是，最高人民法院亦有例外地允许因违反附随义务而解除合同的判决。

失的情况下，劳动合同存续的心理基础不复存在。此时以禁止单方解约来勉强维持劳动关系，实无意义。学说上就认为：对于继续性合同，原则上宜承认当事人的解约自由。[1]

但是，学说上也坚持，继续性合同的解约自由须以没有限定合同期限为条件。这是因为，期限本身可以加固合同当事人对于合同关系存续的预期：对于有期限的合同，法律一般限定解除合同的事由，禁止任意解约；而对于无期限的合同（例如不定期租赁合同），法律往往许可不问事由的任意解约[2]，所以有期限的合同比无期限的合同更可能存续。然而，学说上的观点并不适用于我国的劳动合同。《劳动合同法》对于无固定期限劳动合同并不适用任意解约规则，而是规定了与固定期限劳动合同相同的法定解除和终止事由。[3] 职是之故，合同期限确定与否，并不影响劳动合同当事双方对于合同存续的预期，也就不应该影响解约自由。只要劳动者在职期间违反了基于诚信原则的保密义务、足以让用人单位失去对合同关系的信赖，用人单位就应享有解除劳动合同的权利。

上述观点也获得了《劳动合同法》相关条文的支持。第39

---

〔1〕 韩世远：《合同法总论》（第三版），法律出版社2011年版。

〔2〕 例如，租赁合同，如果属于不定期租赁，则当事人仅需履行提前通知义务，即可随时解除合同，而解除合同的理由在所不问。此种任意解约权类似于美国法上的“任意雇佣”（employment at will）制度：除非先前有相反约定，雇主或雇员均可在任何时候、为任何理由单方面地解除雇佣关系。

〔3〕 例外地，合同期满是固定期限劳动合同的终止事由，但不适用于无固定期限劳动合同。

条第3项规定："劳动者有下列情形之一的，用人单位可以解除劳动合同：……（三）严重失职，营私舞弊，给用人单位造成重大损害的；……"从语义上讲，劳动者"严重失职"包含了泄露用人单位商业秘密的行为，"营私舞弊"包含了使用或授权他人使用用人单位商业秘密的行为，而"给用人单位造成重大损失"可以看作让用人单位失去对合同关系信赖的充分条件。依该项规定，用人单位此时享有解约权，且该权利不以劳动合同无固定期限为条件。[1]

而对于劳动者离职之后违反保密义务的，按照最高人民法院规定，劳动者应承担损害赔偿责任。[2] 值得一提的是，此处损害赔偿责任的性质并非如有些法官认为的那样属于侵权责任[3]，而是基于违反诚实信用原则的法定责任。

三、法定在职竞业限制义务的正当性之争

劳动者在离职之后，对用人单位的竞业限制义务只能依约定产生，不存在法定一说。而在劳动关系存续期间，劳动者对用人

---

〔1〕《中华人民共和国劳动合同法实施条例》第19条第4项则进一步明确了该情形下的解约权与合同期限无关。

〔2〕《最高人民法院关于适用〈中华人民共和国合同法〉若干问题的解释（二）》第22条，（现已失效）。

〔3〕例如，北京市第一中级人民法院民一庭：《侵犯商业秘密的行为应当如何认定——黎某与A公司劳动争议案》，载北京市劳动和社会保障法学会编：《劳动争议新型疑难案例解析》，法律出版社2007年版。

单位是否负有竞业限制的法定义务?《公司法》第148条规定了董事和高级管理人员的在职竞业限制义务，而对于普通劳动者来说，并无法律明文规定该义务。但是，《最高人民法院关于审理劳动争议案件适用法律若干问题的解释（四)》的起草者认为:普通劳动者依据诚实信用原则，负有在职竞业限制的义务；具体地，知晓用人单位商业秘密的普通劳动者在职期间，不得到与本单位存在竞争关系的其他单位从事可以利用本单位商业秘密的工作。[1] 起草者观点对于各地法院适用司法解释的潜在影响，促使本章探讨劳动者在职竞业限制义务的正当性问题。

(一) 立法政策之检视

起草者观点的要害在于：认为劳动者在职竞业限制的义务是诚实信用原则的当然要求。无论作为合同解释的工具还是法定义务的来源[2]，诚实信用原则都要求平衡当事人双方利益。[3] 所谓“平衡”，并非双方利益在数量上的相等，而是要根据立法政策来确定各方所配得（due）之利益。根据诚实信用原则，竞业

---

〔1〕 最高人民法院民事审判第一庭编著:《最高人民法院劳动争议司法解释（四）理解与适用》，人民法院出版社2013年版。

〔2〕 起草者认为，诚实信用原则在此发挥作用的方式，是充当合同解释的工具，将在职竞业限制解释为劳动合同双方的合意。出处同上注。此时应适用《合同法》第60条第2款（已被《民法典》第509条第2款吸收）。无论采取哪种方式，劳动者如果违反在职竞业限制，均应承担继续履行、采取补救措施或者赔偿损失等违约责任。

〔3〕 此系立法原意，也是学界通说。全国人民代表大会常务委员会法制工作委员会编:《中华人民共和国合同法释义》，法律出版社2013年版；韩世远:《合同法总论》（第三版），法律出版社2011年版。

限制制度需要平衡两项立法政策：保护用人单位商业秘密，维护劳动者合法权益。如果将在职竞业限制设定为劳动者的法定义务，将导致对于前一政策伸张过度、而对于后一政策伸张不足。

竞业限制规定的依据首先是保护用人单位商业秘密的立法政策。对于商业秘密，侵权法已经提供了事后的、直接的、针对泄密后果的保护；而法律另行建立竞业限制制度，为商业秘密额外提供事前的、间接的、针对泄密风险的保护，是为了弥补侵权法保护的不足。这种不足与商业秘密相对于其他知识产权的特异之处密不可分。与专利权等相比，商业秘密的专有性更弱，数个竞争对手可以各自独立开发相同内容的商业秘密而互不知情，一旦发生侵权，用人单位不易证明竞争对手所掌握的信息确系不当取得；商业秘密的价值全在秘密性，一旦泄露，即不复为秘密，用人单位的利益无法通过停止侵害、恢复原状的方式得到挽回；而商业秘密的可交易性较差，价值颇难估算，即便判令侵权人赔偿损失，用人单位也不易证明应获赔偿的金额。[1] 无论劳动者在职时还是离职后，侵权法对于商业秘密保护的不足都是一样的，由此产生的、对于竞业限制的需求也都存在。这是在职竞业限制

〔1〕 相比之下，专利权的取得遵循“先申请（先发明）原则”，用人单位只要获得专利权，即排除了竞争对手同样取得专利的可能；专利权一经取得即登记、公告，其价值并不取决于保密与否；且专利交易早已发达，专利权估价的市场机制完备，足可据以估算侵权损失之大小。关于商业秘密与其他知识产权的区别，参见刘银良：《知识产权法》，高等教育出版社2010年版。

措施的政策依据。据此，法律至少不应禁止用人单位通过在职竞业限制来保护自身利益，否则不足以实现劳动者劳动权与用人单位商业秘密权益的平衡。

然而，法律“准许”与法律“要求”是两回事。对于在职竞业限制，究竟采取许可性规范，抑或强制性规范，还须考虑《劳动法》和《劳动合同法》共同宣示的另一项立法政策：保护劳动者合法权益。[1] 与《合同法》相比，劳动立法虑及就业对于劳动者生存的高度重要性，采取措施矫正劳动者谈判能力弱于用人单位的失衡局面。具体而言，劳动立法对于劳动者的就业权同时采取“最小限制”和“最大保障”的政策。所谓“最小限制”政策，是指限制劳动者就业权时，只要双方约定限制就足以保护用人单位利益的，就不采取法定方式来限制。比如，劳动者为竞争对手工作，只会带来泄密风险，不一定造成泄密事实，因此法律只是允许劳资双方就离职后竞业限制作出约定，而并未设置法定义务。此即“最小限制”政策的体现。所谓“最大保障”政策，是指保障劳动者就业权时，只要法定保障不会过分削弱用

[1] 《劳动法》第1条、《劳动合同法》第1条均将“保护劳动者的合法权益”宣布为立法目的。有学者提出：“劳动合同附随义务的理论基础不能仅仅局限于诚实信用原则，应当强调将诚实信用原则与偏重保护劳动者原则相结合，并且后者在理论基础中取得更加优位的地位。”吴文芳、韦祎：《论劳动合同中的附随义务——兼评〈中华人民共和国劳动合同法（草案）〉的相关条款》，载《法商研究》2006年第4期。该观点暗示：诚实信用原则与保护劳动者利益之间存在矛盾。本章则认为，诚实信用原则要求平衡劳资利益，而保护劳动者权益政策则提供了利益平衡的标准，二者对于确定劳动者义务所起到的作用并不相同，也就无矛盾之说。立法有多种可行解释时，应尽量采取令立法各项规定相容的方式。

人单位利益的，就不采取约定方式来保障。比如，我国《合同法》并不以对价为合同成立或生效的要件，但是《劳动合同法》及相关司法解释禁止不设补偿金或补偿金过低的离职竞业限制，严格约束劳资双方的意思自治。[1]《劳动合同法》还禁止就离职竞业限制的适用人员、范围、地域、时间做过宽约定。这都反映了"最大保障"政策。"最小限制"和"最大保障"共同构成了保护劳动者权益的立法政策，也是法律赋予劳资双方配得利益的指针；诚实信用原则的利益平衡要求借此得以实现。

主张普通劳动者负有法定在职竞业限制义务的观点，与保护劳动者利益的立法政策冲突颇多。首先，这种观点违反了"最小限制"政策。离职劳动者失去生计保障[2]，维生需求可以提供出卖原用人单位商业秘密的动机，这种动机会带来泄密风险。相比之下，在职劳动者生计无虞，迫于生计出卖商业秘密的动机要小很多。并且，用人单位一旦察觉劳动者泄露商业秘密，甚至只要知晓劳动者去竞争对手处工作，就几乎立即取得解除劳动合同

---

〔1〕《劳动合同法》第 23 条第 2 款将补偿金作为竞业限制协议的必备条款。《最高人民法院关于审理劳动争议案件适用法律若干问题的解释（四）》第 6 条规定：如果未约定补偿金，则适用法定计算方法来确定补偿金（已被《新司法解释》第 6 条吸收）。相比之下，美国普通法上以对价为允诺获得强制执行效力的必要条件，但是没有补偿金却并不意味着竞业限制条款缺乏对价；支付补偿金只是企业自愿适用的规定。［美］E. 艾伦·范斯沃斯：《美国合同法》（原书第三版），葛云松等译，中国政法大学出版社 2004 年版；［美］罗伯特 P. 墨杰斯等：《新技术时代的知识产权法》，齐筠等译，中国政法大学出版社 2003 年版。这是我国劳动立法比美国普通法更加强调保护劳动者之处。

〔2〕虽可用个人积蓄、亲朋接济、最低生活保障金、失业保险金等维生，但生计保障水平显然远低于工资。对于掌握商业秘密的前高级技术人员尤其如此。

的权利[1]，随时可令劳动者陷入生计无着的困境。这也能够起到震慑劳动者泄密动机的作用。依据“最小限制”政策，既然泄密动机减小、风险降低，那么法律理应采取比离职竞业限制更和缓的手段来规定在职竞业限制，就足以保护用人单位的商业秘密。如果反而将对于离职后就业权的约定限制加重为对于在职就业权的法定限制，就与“最小限制”政策背道而驰了。

另一方面，劳动者还可能出于牟利动机而泄露和出卖商业秘密，带来泄密风险。《公司法》据此为企业高管设定了在职竞业限制义务。然而，包括高级技术人员在内的普通劳动者只能出于工作需要接触商业秘密，而高管可以根据管理职权主动获取商业秘密，其对商业秘密知晓的全面性非普通劳动者所及。不仅如此，高管拥有经营经验和大量商业信息，其对商业秘密利用价值、方式的了解，乃至将商业秘密价值变现的能力，更令普通劳动者无法望其项背。风险是损害可能性与损害后果的乘积，而一旦高管利用商业秘密牟利，所能够造成的损害远大于普通劳动者，故高管对于用人单位商业秘密的风险远大于普通劳动者。较之高管，普通劳动者带来的风险更小，其劳动权所受到的限制却并未相应减轻，这违反对劳动者就业权的“最小限制”政策。

主张让普通劳动者负有法定在职竞业限制义务的观点，也违

〔1〕《劳动合同法》第39条第3项、第4项。

反了“最大保障”政策。《劳动合同法》为承担离职竞业限制义务的劳动者获得补偿金提供了法定保障。而在《最高人民法院关于审理劳动争议案件适用法律若干问题的解释（四）》的起草者看来，相同保障并不适用于承担在职竞业限制义务的劳动者。[1]亦即，如果用人单位命令劳动者放弃兼职，法律并不要求用人单位作出补偿。这无异于否定劳动者从事兼职的就业权在法律上具有价值，与《劳动合同法》的规定不符。《劳动合同法》虽然严格限制劳动者与用人单位以外的其他单位建立劳动关系，但是并不限制劳动者业余自营或与其他单位建立劳务关系（第 39 条第 4 项）。[2]《劳动合同法》不仅承认兼职就业权的价值，而且以限制用人单位解除劳动合同权利的方式加以保护。[3]起草者否定兼职就业权的价值，不但抵触《劳动合同法》的立法原意，而且并未论证这一做法为维护用人单位商业秘密权益所必需，违反了对劳动者就业权的“最大保障”政策。

总之，主张让普通劳动者负有法定在职竞业限制义务的观点，没有根据我国劳动立法上保护劳动者权益的政策来平衡劳资

---

〔1〕 他们即便不禁止劳动者与用人单位约定在职竞业限制补偿金，也至多将补偿金视作任意性规范，而不是强制性规范。

〔2〕 对于劳动者自营和提供劳务，《劳动合同法》第 24 条第 2 款仅规定允许通过竞业限制协议加以限制。

〔3〕 通说认为，用人单位单方解除劳动合同的权利限于《劳动合同法》第 39 条、第 40 条、第 41 条所列举的情形，否则即构成违法解除，要根据第 48 条承担继续履行或支付赔偿金的法律责任。全国人民代表大会常务委员会法制工作委员会编：《中华人民共和国劳动合同法释义》，法律出版社 2013 年版。

双方利益，与诚实信用原则的要求不符。因此，在职竞业限制并非法定义务，仅可依约定而成立。[1]

（二）域外视角之反思

就保护商业秘密问题上的劳资利益平衡，还可以比较中美两国法律。首先，用人单位要想解除在职竞业者的劳动合同，在美国的难度比在我国更大。美国法上虽将在职竞业限制视作劳动者忠实义务的组成部分，但是从判例上看，在职劳动者即使为竞争对手工作，只须满足不高的条件，就不违反对用人单位的忠实义务。《雇佣法重述》规定："不享有管理权的雇员为竞争对手工作，并不违反对前一雇主的忠实义务，只要该工作不是在有义务为前一雇主工作的时间所完成的，且并不包括使用或披露前一雇主的秘密信息，并且其对前一雇主所造成的损害不比其他任何为竞争对手工作的人所造成的要大。"[2]满足这些条件时，用人单位如果解除劳动合同，就构成立法所禁止的报复性解雇（retaliatory discharge）。[3] 而在相同条件下，我国《劳动合同法》允许用人单位仅因劳动者不同意辞去兼职即可解除劳动合同。可见，同为解除在职竞业者的劳动合同，用人单位在美国需要满足比在我国更多的条件。

---

〔1〕《劳动合同法》第23条第2款并未禁止在职竞业限制。

〔2〕 American Law Institute, *Restatement* (*Third*) *of Law*: *Employment Law*, 2014, § 8.04 (c).

〔3〕相关案例可参见：Sabin v. Yellow Transp., Inc., No. 04 C 193. (N. D. Ill. Jul. 31, 2006).

其次，用人单位要想申请对在职竞业者采取诉前保全措施，在美国要比在中国面临更多不确定性。我国《民事诉讼法》经2012年修正，将诉前保全的行为禁令制度扩展到商业秘密的保护之上（第100条）。[1] 由此，即便用人单位没有和劳动者约定竞业限制，用人单位如果认为劳动者确有可能泄密，可以在起诉劳动者的同时，申请法院以行为禁令来阻止劳动者为竞争对手工作。而在美国，虽然部分法院认为，如果雇主能够证明雇员将"不可避免地披露"（inevitable disclosure）其商业秘密，法院就可以禁止雇员为竞争对手服务，但各州法院对此分歧很大。批评者指责"不可避免地披露"理论相当于以法律设定竞业限制协议，损害劳资意思自治，且效率低下、方法生硬，等等。[2] 结果，在纽约等州，"不可避免地披露"理论仅适用于极少情形。[3] 可见，同为申请诉前行为禁令救济，用人单位在美国获得支持的可能性更低。

总之，我国法律通过更多地保障用人单位的解除劳动合同

---

〔1〕 参见全国人民代表大会常务委员会法制工作委员会编：《中华人民共和国民事诉讼法释义：最新修正版》，法律出版社2012年版；唐震、吕长利：《行为禁令在商业秘密侵权诉讼中的适用——上海一中院裁定美国礼来公司等诉黄孟炜侵害技术秘密纠纷案》，载《人民法院报》2013年11月28日，第6版。

〔2〕 Samuel Estreicher & Gillian Lester, *Employment Law*, Foundation Press, 2008; Johanna L. Edelstein, *Intellectual Slavery: The Doctrine of Inevitable Disclosure of Trade Secrets*, 26 Golden Gate U. L Rev. 717 (1996).

〔3〕 Jeffrey M. Hirsch, Paul M. Secunda & Richard A. Bales, *Understanding Employment Law* (2nd *ed.*), LexisNexis, 2013.

权、申请诉前禁令权，已经为用人单位商业秘密提供了比美国更强的保护。以美国法为参照，我国如果再设定在职劳动者竞业限制的法定义务，无疑将面临劳动权和商业秘密保护失衡的危险。

* * *

综上所述，高级管理人员之外的普通劳动者负有保守用人单位商业秘密的法定义务，这一义务的根据在于《劳动合同法》上的诚实信用原则。诚实信用义务说源自实务界，较学界常见的正当竞争义务说、忠实义务说均更圆满。在劳动关系存续期间，劳动者违反法定保密义务的，用人单位享有解除劳动合同的权利。从劳动法的特殊属性出发，该权利不受合同法一般原则的拘束。根据保护劳动者权益的立法政策，并借鉴美国的立法和司法实践，不宜规定劳动者负有法定在职竞业限制义务，如此方符合诚实信用原则的要求。

中　编
历史与比较

第四章　中美供给侧结构性改革的劳动法内涵

我国劳动法制正在进入新的发展阶段。中央提出实施供给侧结构性改革，要求坚决淘汰落后产能，促进适应市场需要的新行业、新业态发展。对于劳动法制而言，供给侧结构性改革意味着什么？经济改革与劳动法制之间存在何种关系？从推进供给侧结构性改革出发，如何通过法律手段，引导劳动力流出落后产能，到先进产能实现再就业？如何通过法律手段提高劳动者素质，重构劳资关系，适应先进产能的发展需要？本章将尝试对这些问题作出初步解答。

通过梳理改革开放以来我国劳动法制的演进历程，可以清楚地看到：劳动法制的目标与经济改革是一致的，经济改革引领了劳动法制的变革。我国先后实施了供给侧综合性改革和需求侧改革，相应产生了《劳动法》和《劳动合同法》两大法制发展成果，而供给侧结构性改革时期的劳动法制还在探索之中。美国 20 世纪 80 年代的供给侧改革表明，政府应当支持传统经济部门裁减落后产能和富余员工，支持新兴经济部门的劳资双方根据市场要求重建平衡，同时要加强对于失业劳动者的帮扶工作，防止贫富差距过大。将历史和比较的视角结合起来，我国劳动法制应当跟上经济改革步伐，以保障劳动者的就业利益为重心，及时作出调整：一方面完善就业服务，为先进产能的就业创业提供条件；更重要的则是实现政府的自我革命，撤除劳动者从落后产能流出的制度障碍，缓解短期内的失业阵痛，促进长期的就业机会增长。

一、历史视角：经济改革引领下的劳动法制

经济改革与劳动法制是密不可分的。劳动法以保护劳动者利益为目标，劳动者的利益首先在于就业，就业的实现系于经济成长，而经济成长正是经济改革的重要目标。改革开放以来，我国劳动法制在经济改革引领下发展，经历了三个阶段。供给侧综合改革时期，为了解决劳动力投入不足、配置效率低下问题，我国建立劳动力市场，劳动法制相应确立了劳动者的自主择业权和用人单位的用人自主权，建立了劳动合同制度。需求侧改革时期，为了解决消费不振问题，提升消费能力和意愿，劳动法制加强了收入保障，增强了职业安定性，并初步编织起社会保障网。当前，我国已经进入供给侧结构性改革的新时期，为了解决有效供给不足、无效供给过剩问题，我国劳动法制亟须作出新调整。

（一）经济改革与劳动法制的内在关系

《劳动法》开篇即指出，立法目的在于“为了保护劳动者的合法权益”（第 1 条）。劳动者的利益可以大致分为两类，即就业和待遇。就业利益体现在获得就业机会，这要通过保障就业自由、提供职业培训和就业服务来实现；待遇则体现在薪酬、工时、休假、劳动保护、社会保险等（第 3 条第 1 款）。就业是劳动者的首要利益，实现就业是提高待遇的前提。比起劳动报酬和劳动条件来说，更根本的保障始终来自就业：那不仅意味着经济来源的供给，而且《宪法》承诺给劳动者的各项保护，乃至光荣和热爱[1]，都将得到切实保障。就业虽然不是实现劳动者其他利益的充分条件，却是必要条件。所以，《宪法》把“创造劳动就业条件”规定为国家在劳动领域的首要义务（第 42 条第 2 款），《劳动法》把“平等就业和选择职业的权利”列为各项权利之首（第 3 条）。

为了保护劳动者，必须保就业；为了保就业，必须稳增长。近年来，我国经济成长对就业的拉动作用不断增强：2005 年，国内生产总值每增加一个百分点，可带动约 80 万人就业；2013 年，这个数字上升到 130 万至 150 万人；2015 年进一步提高到

---

〔1〕《宪法》第 42 条第 3 款：“劳动是一切有劳动能力的公民的光荣职责……”第 24 条第 2 款：“国家……提倡爱祖国、爱人民、爱劳动、爱科学、爱社会主义的公德……”

180万人。[1] 即便如此，由于待就业人口规模庞大，经济低速发展仍然不可接受。[2]

经济增长的动力既来自需求侧，也来自供给侧。需求侧包括出口需求（外需）和消费及投资需求（内需）。根据经济学家凯恩斯的国民收入均衡分析，投资、消费和出口是经济增长的"三驾马车"。[3] 而从供给侧来看，"经济增长主要来自于要素投入的增加和全要素生产率的提高，前者主要包括劳动力投入和资本投入的增加，后者是指扣除资本、劳动等生产要素投入贡献后，由技术进步、管理水平、劳动力素质、要素使用效率等其他因素的改进与革新带来的产出增加"。[4] 改革开放以来，随着经济形势的变化，我国经济改革的重心在供给侧和需求侧之间往复切换；我国劳动政策和劳动法制也不断相应调整，形成了三个主要阶段。

（二）第一阶段：供给侧综合性改革

第一阶段（1978年至1998年），经济改革的重心在供给侧，主要矛盾在于供给总量不足、供给结构不符合需求。改革同时从

---

〔1〕李克强：《在中国工会第十六次全国代表大会上的经济形势报告》，载《工人日报》2013年11月4日，第1版；辜胜阻：《政府工作报告中的经济发展新亮点》，http://www.xinhuanet.com/politics/2015lh/fangtan/20150306a/，2016年5月5日访问。

〔2〕2016年5月6日，国务院总理李克强重申："稳增长很大程度上就是保就业，就业稳定收入就会增长，民生就会逐步改善。"新华社：《突出重点，兜牢底线，多措并举，在推动经济发展中促进就业稳定增加》，载《人民日报》2016年5月7日，第1版。

〔3〕参见刘庆宝、未良莉：《我国经济增长的源动力："三驾马车"对我国经济增长拉动作用的实证研究》，载《特区经济》2007年第12期。

〔4〕楼继伟：《中国经济最大潜力在于改革》，载《求是》2016年第1期。

总量和结构入手，所以可以称为“供给侧综合性改革”。当时，我国决心抓住国际产业转移、外需旺盛的机遇，大力发展出口加工业，带动经济发展。然而，从供给总量上看，资本、劳动力等许多要素投入不足。虽然我国劳动人口规模庞大，但是城乡二元的劳动体制将大量劳动力禁锢在农村，无法进城投入工业生产；平均主义的分配方式和终身就业导致劳动者缺乏积极性，劳动力的真实投入远小于名义投入。从供给结构上看，一些要素的使用效率低下，导致产品无法满足需要，缺乏竞争力。这其中既有技术和管理落后的原因，也是由于劳动力资源全靠政府指令来调配，劳动者素质与岗位要求的匹配度很差。

针对这些问题，国家实施供给侧改革，积极调整劳动政策。一方面允许农民进城务工，建立奖勤罚懒的激励机制，调动劳动者的积极性，扩大劳动力资源的供给规模；另一方面建立劳动力市场，让“无形之手”发挥基础性作用，提高劳动力资源的使用效率。1993年，在党的十二届三中全会上，劳动力市场与金融市场、房地产市场、技术和信息市场一道，被确立为“当前培育市场体系的重点”。[1]《劳动法》次年即告出台，并把“建立和维护适应社会主义市场经济的劳动制度”写入立法宗旨（第1条）。

无论是打破城乡隔绝、改革用工激励机制，还是建立劳动力

〔1〕《中共中央关于建立社会主义市场经济体制若干问题的决定》第13节。

市场，都要求政府给劳资关系“松绑”。这成为《劳动法》的主线。该法赋予劳动者自主择业的权利（第3条第1款），将劳动合同确定为建立劳动关系的基本途径（第16条），允许用人单位自主决定工资问题（第47条）等，在事实上确立了用人单位的用人自主权，形成了劳动者和用人单位双向选择、劳动力合理流动的新型用工机制。[1] 逻辑链条是清晰的：经济形势引导经济改革，经济改革规定劳动政策，劳动政策凝结成劳动法制。《劳动法》是20世纪70年代末期以来搞活用人机制、改革劳动体制、改善劳动力供给的总结。通过改革，劳动热情得到释放，劳动者素质与岗位要求实现了匹配，庞大的劳动人口从发展负担转化成了资源优势，推动了经济成长。但是，《劳动法》出台之后仅仅数年，国家经济形势就发生了重大变化，经济改革的重心随之转移，引发了劳动政策和劳动法制的新一轮调整。

（三）第二阶段：需求侧改革

第二阶段（1998年至2008年），经济改革的重心转移到需求侧，主要矛盾在于内需不足。经过二十年的改革开放，我国走出了短缺经济，供求关系从卖方市场转向以买方市场为主，供给侧矛盾有所缓和。1998年，东南亚爆发金融危机，影响遍及全球，导致外需萎缩、出口不振，外需对经济的拉动作用明显下

---

〔1〕 参见阎天：《重思中国反就业歧视法的当代兴起》，载《中外法学》2012年第3期。

降。有鉴于此，国家实施需求侧改革，将内需设定为经济增长的新引擎，以扩大内需为核心，调整各项政策。[1] 劳动政策在其中居于重要地位。

消费是内需的重要组成部分。单纯依赖少数巨富消费的经济体注定难以为继，劳动者才是消费者的主体。然而，劳动者的消费并不容易启动，这既是因为“没钱花”，也是因为“不敢花”。“没钱花”是指劳动者的消费能力不足，劳动报酬水平偏低。国家必须通过劳动政策保障劳动者取得体面的收入。“不敢花”是指劳动者的消费意愿不足。现代职业生涯充满风险，包括失业、受伤、生病、生育、年老等。劳动者势单力孤，缺乏抵御风险的能力，自然倾向于压缩消费、提高储蓄，以备不时之需。国家必须通过劳动政策帮助劳动者应对职业风险。

从扩大内需出发，我国劳动法制发生重大变化，掀起了社会立法浪潮。为了提高劳动者的消费能力，《劳动合同法》建立了劳动报酬支付令制度（第30条），将劳动报酬列入集体协商事项（第51条），强化了最低工资标准（第85条），从个别劳动关系、集体劳动关系和劳动基准三个角度，全方位加强了劳动者的收入保障。为了提高劳动者的消费意愿，《劳动合同法》鼓励劳动合同长期化，特别是降低了订立无固定期限劳动合同的门槛

---

〔1〕 参见戚义明：《改革开放以来扩大内需战略方针的形成和发展》，载《党的文献》2009年第4期。

（第 14 条），建立了严格的解雇保护制度（第四章），增强了职业安定性；《中华人民共和国社会保险法》（以下简称《社会保险法》）则通过失业、工伤、养老、医疗和生育五大社会保险制度，摊薄了主要职业风险。《劳动合同法》和《社会保险法》总结了我国以劳动政策扩大消费、启动内需的尝试。然而，与《劳动法》类似，这两部法律出台不久，国家经济改革的重心再次发生转移。劳动政策和劳动法制的再次调整势在必行。

（四）第三阶段：供给侧结构性改革

第三阶段（2008 年至今），经济改革的重心逐渐转向供给侧，主要矛盾在于供给侧结构失衡，所以称为“供给侧结构性改革”。2008 年，全球金融和经济危机爆发，外需不振的情况再次发生。国家随即推出经济强刺激措施，寄望于通过扩大投资来启动经济。[1] 虽然在短时间内稳住了经济增长，却导致经济结构进一步失衡。特别是煤炭、钢铁等产业，由于资本通过金融杠杆大量涌入，产能迅速扩大；一旦经济增长放缓，产品销售遇阻，库存随之增加，企业陷入困境，金融风险暴露。通过强刺激来维持经济增长的方案不可再用。

中国经济增长的动力何在？从需求侧来说，既然外需不振，大规模投资又不可取，那么经济成长唯有依靠消费一途。和

---

〔1〕《中共中央、国务院转发〈国家发展和改革委员会关于当前进一步扩大内需促进经济增长的十项措施〉的通知》（中发〔2008〕18 号）。

1998 年不同，我国劳动者的消费能力和意愿已经显著提高。消费需求只要在国内获得满足，就能够转化为经济发展的动力。然而，问题出在供给环节上。我国的许多产品和服务并不符合消费需求，这部分产能属于无效供给。无效供给过剩，有效供给却不足。前些年每逢节假日，中国消费者便奔赴全球各地“扫货”，展现了强大的消费能力〔1〕，把经济增长留在了当地，也凸显了国内供给的无力。只有调整供给结构，让供给重新契合需求，才能把消费吸引回国。所以，新一轮经济改革的首要目标就在于解决供给结构的失衡问题。〔2〕

供给侧结构性改革的实施，既要淘汰无效供给，又要扩大有效供给，二者都离不开劳动政策的配合。淘汰无效供给是指去产能、去库存、去杠杆。产能压缩势必造成岗位缩减。据人力资源社会保障部统计，煤炭系统有 130 万人、钢铁系统有 50 万人将被分流安置。其中，小部分可以通过转岗或内退，由企业消化；另有小部分可以由政府设岗聘用；大量职工则面临失业。〔3〕扩大有效供给是指实施创新驱动发展战略，培育新的经济增长点。当前主要是扶持现代服务业和高新技术产业，这些行业高度依靠

---

〔1〕参见赵鹏飞：《“国内挣钱国外花”究竟怪谁》，载《人民日报（海外版）》2013 年 1 月 28 日，第 2 版。

〔2〕龚雯、许志峰：《五问中国经济——权威人士谈当前经济形势》，载《人民日报》2015 年 5 月 25 日，第 2 版。

〔3〕徐博、白国龙：《人社部：钢铁、煤炭系统去产能涉及约 180 万职工分流安置》，http://news.xinhuanet.com/fortune/2016-02/29/c_1118190506.htm，2016 年 5 月 6 日访问。

研发力量，依赖人力资本投入。为此，既要“降成本”，给企业减税，腾出更多资源研发产品、开拓市场；又要“补短板”，鼓励企业加大研发投入，弥补人才的不足。总之，去产能、去库存、去杠杆、降成本、补短板是供给侧结构性改革的五大重点任务。[1] 它们都包含着劳动政策的维度，是我国劳动法制进一步调整的依据。

将我国改革开放以来经济政策、劳动政策和劳动法制的变迁联系起来，整理为下表：

经济政策——→主要矛盾——→劳动政策——→劳动法制			
供给侧综合性改革（1978年至1998年）	包括劳动力资源在内的各项要素投入不足、配置效率低下	建立健全劳动力市场，打破城乡隔绝，改革用工激励机制	以《劳动法》为总结，确立自主择业权和用人自主权，建立和推广合同用工制度
需求侧改革（1998年至2008年）	消费需求不旺	保障劳动者收入水平，消除职业风险之忧	以《劳动合同法》为总结，加强收入保障，增强职业安定性，建立社会安全网
供给侧结构性改革（2008年至今）	有效供给不足，无效供给过剩	引导劳动者退出过剩产能，增强劳动者在现代服务业和高新技术产业的就业能力	探索中

[1] 龚雯、许志峰、王珂：《七问供给侧结构性改革——权威人士谈当前经济怎么看怎么干》，载《人民日报》2016年1月4日，第2版。

那么，劳动法制如何服务于供给侧结构性改革？如何应对传统行业的收缩和失业？如何促进新兴行业的发展和就业？为了回答这些问题，需要参考美国20世纪80年代供给侧改革的经验教训。

二、比较视角：美国供给侧改革的经验教训

20世纪80年代，美国需求侧经济增长机制失灵，经济改革重心转向供给侧。里根当局强硬打击公共经济部门非法罢工，确保公共经济部门服务于经济发展。当时，工会片面追求待遇，阻碍技术创新和裁汰冗员，对经济发展起消极作用。美国政府与工会斗争，支持传统经济部门以关厂和迁厂形式淘汰落后产能，反对施加法律限制。由于对失业劳动者帮扶不足，工厂迁出区域出现了“锈带”，贫富差距拉大。在新兴经济部门，长期雇佣的劳资默契被打破。企业以提高用工灵活性和员工创造性为目标，采用新的用工形式，满足员工新的利益关切，实现劳资关系再平衡。里根政府为这些探索留出自由空间，促进了新兴经济部门的迅猛发展。美国经济恢复较快增长，失业率降低，供给侧改革总体上取得成功。

（一）美国供给侧改革的历史背景

美国是最早实践凯恩斯主义的国家。20世纪30年代初期，面对大危机引发的经济萧条，富兰克林·罗斯福实施新政，通过扩大内需来提振经济。当局大规模投资经济，兴修公共工程，采

购军需用品，制造了大量就业机会，吸纳失业劳动者。当局还通过保障劳动者利益来刺激消费需求。一是制定《国家劳动关系法》，保障劳动者组织工会、集体谈判和发动罢工的权利；二是制定《公平劳动基准法》，为工资、工时等工作待遇划定底线；三是制定《社会保障法》，初步编织起社会安全网。[1] 美国的需求侧改革很成功，不仅走出了萧条，而且实现了强劲增长，建立起全球经济霸权。

第二次世界大战结束以后，虽然美国政治光谱不断移动，但是凯恩斯主义的经济政策基点没有改变：调控经济以扩大就业，保护劳工以刺激消费。保护劳工的立法也继续增多：1959 年制定的《劳管申报和披露法》防止工会侵害会员民主权利，[2] 1964 年出台的《民权法》第七篇禁止基于种族、性别等原因的就业歧视。[3] 20 世纪 60 年代末上台的理查德·尼克松虽然出身对经济干预并不积极的共和党，却宣布“我们现在都是凯恩斯主义者”，[4] 并促成了《职业安全与健康法》的问世。美国联邦劳

---

〔1〕 关于新政时期劳动立法的具体情况，See Eileen Boris, *Labor's Welfare State: Defining Workers, Constructing Citizens*, in Michael Grossberg & Christopher Tomlins (eds.), The Cambridge History of Law in America, Volume III: The Twentieth Century and After (1920—), Cambridge University Press, 2008。

〔2〕 参见阎天：《美国集体劳动关系法的兴衰——以工业民主为中心》，载《清华法学》2016 年第 2 期。

〔3〕 参见《〈一九六四年民权法〉第七篇选译》，载阎天编译：《反就业歧视法国际前沿读本》，北京大学出版社 2009 年版。

〔4〕 ［美］保罗·克鲁格曼：《兜售繁荣》，刘波译，中信出版社 2012 年版。

动立法的体系基本稳定下来。战后的一代人时间里，凯恩斯主义经济政策获得了巨大的成功。1950 年至 1971 年，美国国内生产总值年均增长达到 3.6%。[1]

然而，到了 20 世纪 70 年代，美国经济增速骤然减缓。年均国民生产总值增幅跌至 2%，仅为先前的一半。[2] 经济减速导致失业增加。到罗纳德·里根于 1981 年就任总统时，失业率达到了 8% 的高点。[3] 更麻烦的是，高失业并没有换来低通胀，反而出现了经济停滞、失业和通胀同时高企的“滞涨”现象[4]，消费需求不振。怎么办？在国外，美国面临日益激烈的竞争，市场不断遭到日本、西德等国蚕食[5]，无法指靠外需拉动增长。在国内，如果继续走凯恩斯主义的道路，实施强刺激政策，就会导致通胀形势进一步恶化，即使经济有所成长，也会被通胀所吞噬。需求侧的“三驾马车”都止步不前，只能到供给侧寻求恢复增长、提振就业之道。里根当选总统之后，正式采用所谓供应学派的经济学说，启动供给侧改革。[6]

---

〔1〕 陶继侃：《战后美国经济增长速度及其前景估计》，载《世界经济》1979 年第 5 期。

〔2〕 Nelson Lichtenstein, *State of the Union: A Century of American Labor* (*rev. ed.*), Princeton University Press, 2013.

〔3〕 古力：《美国失业人口情况简表》，载《世界知识》1981 年第 24 期。

〔4〕 ［美］保罗·克鲁格曼：《兜售繁荣》，刘波译，中信出版社 2012 年版。

〔5〕 美国在国际贸易中的竞争力到里根总统上任时跌到了谷底。Peter H. Lindert, *U. S. Foreign Trade and Trade Policy in the Twentieth Century*, in Stanley L. Engerman & Robert E. Gallman (eds.), The Cambridge Economic History of the United States, Volume III: The Twentieth Century, Cambridge University Press, 2000.

〔6〕 ［美］保罗·克鲁格曼：《兜售繁荣》，刘波译，中信出版社 2012 年版。

美国供给侧改革主要关注三类部门：一是公共经济部门，包括能源业、运输业等。它们为其他行业提供服务和保障，对于其他行业的竞争力有重要意义。二是传统经济部门，以钢铁业和汽车业为代表。这些行业实施福特式生产组织方式，工会覆盖率高，集体谈判能力强，工会对于企业运营的影响很大。这些行业在战后一直是经济发展的主引擎，而它们在国际竞争中处境也最为不利，衰落最快，是经济减速的主要原因。三是新兴经济部门，以现代服务业和信息产业为代表。这些部门的企业集中运用高新技术，生产组织方式与传统经济部门迥异，已经显露出引领经济增长的潜质。针对三类经济部门的不同情况，里根当局分别采取劳动政策，加强公共经济部门的服务和保障作用，推动传统经济部门的裁汰和重整，为新兴经济部门的发展创造自由空间。

（二）公共经济部门：妥协还是强硬?

公共经济部门对其他产业起支撑作用。一旦公共经济部门所提供的服务质量下降或价格上升，就会拉高其他经济部门的运营成本，降低全要素生产率，削弱整个供给侧的增长动力。航空运输业是公共经济部门的重要组成部分。里根刚一上任，就发生了空管员罢工事件。究竟向工会妥协，还是采取强硬姿态？何种应对最有利于供给侧改革？这是对美国经济的一次重大考验。

美国民航交管业实施行政垄断，所有空管员都是政府雇员。政府雇员的履职与公共利益关系密切，一旦罢工，对国家损害极大，所以集体劳动关系法长期将政府雇员排斥在外。20 世纪 60 年代，约翰·肯尼迪放松政策，准许联邦雇员组建工会并进行集体谈判，但是并未放开罢工权。空管业工会——职业空中交通管理员组织（Professional Air Traffic Controllers Organization，简称 PATCO）应运而生。[1] 他们发起集体谈判，要求改善工作条件，提高经济待遇。

里根当局一方开出了谈判条件，内容包括：所有空管员的年薪均上涨 4000 美元，每周工作 36 小时后的时薪增加 50%，兼任教员或值夜班的空管员另有加薪。考虑到空管员认为工作对健康的消耗较大，政府还承诺改善工作条件，为健康欠佳的空管员提供免费培训，并在系统内转岗安置。条件不可谓不优厚，政府为此作出了 4000 万美元的预算。然而，PATCO 以 13495：616 的悬殊投票结果拒绝了政府的方案。他们提出反要求：将周工作时间缩短到 32 小时，将全员年薪的涨幅上调到 1 万美元，即 40%。如此一来，资深空管员的薪水将高于内阁成员。[2] 满足这些条件的总成本高达 7.4 亿美元。里根政府为了减轻企业负担，正在推行减税计划，财政经费吃紧。双方当即谈崩。1981 年 8 月 3 日上午 7 时，PATCO 发动全员罢工。美国空中交通顿时陷入瘫痪

---

〔1〕 Philip Dray, *There Is Power in a Union: The Epic Story of Labor in America*, Anchor Books, 2011.

〔2〕［美］理查德·里夫斯：《里根：想象的胜利》，梁卿译，商务印书馆 2014 年版。

状态。[1]

PATCO 认为，里根政府一定会采取妥协态度，因为新总统有三点顾虑。一是顾虑失去工会支持。里根早年曾担任银幕演员同业会（Screen Actors Guild）的主席，他还是第一位入主白宫的劳联（AFL）成员。PATCO 是唯一在大选中为里根背书的联邦雇员工会，对里根当选有拥戴之功。由于工会渐成民主党的票仓，共和党总统一般不敢严厉制裁工会，以免加重选票流失。[2]二是顾虑失去民意支持。民众以劳动者居多，天然同情其他劳动者争取利益的行动。如果总统出重拳弹压，难免不激起民愤。三是顾虑损害经济发展。正如 PATCO 的主席所言："没有我们，这个国家的飞机就没法飞起来。如果我们被关进监狱或者面对过高的罚金，他们也没法命令我们干活。"[3]

然而，里根出人意料地拒绝妥协，采取强硬手段应对罢工。他以罢工违法为由，解雇了所有参加罢工的空管员。为了弥补职缺，里根当局调派军事部门的空管员接手民航业，还向社会开放

---

〔1〕 Philip Dray, *There Is Power in a Union: The Epic Story of Labor in America*, Anchor Books, 2011.

〔2〕 比如，1970 年，17.5 万名邮政员工发动罢工。尼克松既没有依法制裁，也没有解雇罢工者，而是屈服并答应提高工资。到了 1980 年，总统换成了民主党的吉米·卡特，PATCO 更无顾忌，于是在芝加哥奥黑尔国际机场组织罢工。卡特同样没有反击。Philip Dray, *There Is Power in a Union: The Epic Story of Labor in America*, Anchor Books, 2011.

〔3〕 〔美〕理查德·里夫斯：《里根：想象的胜利》，梁卿译，商务印书馆 2014 年版。

招聘，引来了大批求职者。空中交通秩序逐步恢复正常。[1] 这样做恶化了与工会的关系，却赢得了民众的支持。决策咨询人员的调查显示，超过71%的受访者支持解雇空管员[2]；《新闻周刊》的民调表明，57%的民众站在总统一边。出行受到影响的民众更是对罢工十分反感[3]。罢工最终失败，PATCO 的主席次年即告辞职，整个组织也宣布破产。[4]

怎样评价里根政府在 PATCO 罢工事件中的策略？要看这一策略是否有利于供给侧改革。罢工造成了巨大的经济损害：空管系统两年后才恢复正常，耗资高达300亿美元[5]，而新空管员的培训更是持续了十年之久。[6] 与接受 PATCO 的条件相比，强硬对待似乎造成了大得多的成本。成本最终要以税收形式转嫁给企业，加重企业负担，对供给侧改革产生不利影响。但是，里根政府的策略并非全无道理。一是，空管业没有竞争压力，对于经济运行来说又必不可少，所以 PATCO 可以坐地起价，只要成本没有高到让空运完全丧失竞争力，使用者就只能就范。PATCO

---

〔1〕 Philip Dray, *There Is Power in a Union: The Epic Story of Labor in America*, Anchor Books, 2011.

〔2〕 ［美］理查德·里夫斯：《里根：想象的胜利》，梁卿译，商务印书馆2014年版。

〔3〕 Philip Dray, *There Is Power in a Union: The Epic Story of Labor in America*, Anchor Books, 2011.

〔4〕 Herbert R. Northrup, *The Rise and Demise of PATCO*, 37 Indus. & Labor Rel. Rev. 167 (1984).

〔5〕 Philip Dray, *There Is Power in a Union: The Epic Story of Labor in America*, Anchor Books, 2011.

〔6〕 ［美］理查德·里夫斯：《里根：想象的胜利》，梁卿译，商务印书馆2014年版。

敢于知法犯法、发起罢工，提出不合理的经济诉求〔1〕，都充分反映了这一点。如果里根当局选择妥协，PATCO 很可能得寸进尺，政府步步后退，最终付出的经济代价将远高于 7.4 亿美元。二是，当时的工会已经在很大程度上成为供给侧改革的障碍。里根用 PATCO 开刀，成为史上首位摧毁了一个工会的总统，对整个工运界起到了震慑效果〔2〕，抑制了工会的消极影响。这种消极影响在传统经济部门尤其显著。

（三）传统经济部门：裁汰还是设限?

以钢铁业和汽车业为代表的传统经济部门曾经是美国战后经济增长的主引擎。到了 20 世纪 70 年代，这两个行业遭到了日本的有力挑战。1976 年，日本钢铁业成本比美国要低 44%。里根上任前后，日本汽车业占去了 22% 的国内市场，而每辆美国车的成本平均比同档次日本车高 2000 美元之多。〔3〕竞争力的低下导致了滞销，传统经济部门不得不缩减产能。1975 年，美国有 20 家联合钢铁企业，运营着 47 座工厂；到 20 世纪 80 年代末期，

---

〔1〕比如，空管员为了熟悉空情，有权试乘航班。然而，空管员普遍滥用这项权利，免费乘机办理私人事务。政府加以制止时，PATCO 就以停工来抗议，后来更是要求政府正式承认权利滥用的合法性，并写入谈判条件。Herbert R. Northrup, *The Rise and Demise of PATCO*, 37 Indus. & Labor Rel. Rev. 167 (1984).

〔2〕Philip Dray, *There Is Power in a Union: The Epic Story of Labor in America*, Anchor Books, 2011.

〔3〕Peter H. Lindert, *U. S. Foreign Trade and Trade Policy in the Twentieth Century*, in Stanley L. Engerman & Robert E. Gallman (eds.), The Cambridge Economic History of the United States, Volume III: The Twentieth Century, Cambridge University Press, 2000.

只剩下 14 家企业，运营着 23 座工厂。[1]

无论从全球市场还是本土市场来看，对钢铁和汽车的需求都是旺盛的。需求之所以无法转化为经济增长，是因为供给一侧只能提供质次价高的产品，无法契合需求，存在结构缺陷。这种缺陷是如何产生的？以钢铁业为例，日美两国的成本差距之中，原料价格因素占约 15%，工资因素占约 60%，而全要素生产率因素占约 30%。[2] 对于工资成本高企、全要素生产率低下，工会都负有重大责任。学者指出：

> 战后工会界的两大消极影响源自钢铁工人联合会与汽车工人联合会。它们都攫取了显著高于市场工资水平的溢价，这不能用劳动者的贡献来解释，也显然无法用他们的生产率状况来解释。即便在经济性裁员和关厂已成气候的 20 世纪 70 年代和 20 世纪 80 年代，它们都执意继续寻求大幅涨薪。[3]

除了工资问题之外，“工会制定的工作守则和正规的申诉程

---

〔1〕 Nelson Lichtenstein, *State of the Union: A Century of American Labor* (*rev. ed.*), Princeton University Press, 2013.

〔2〕 Peter H. Lindert, *U. S. Foreign Trade and Trade Policy in the Twentieth Century*, in Stanley L. Engerman & Robert E. Gallman (eds.), The Cambridge Economic History of the United States, Volume III: The Twentieth Century, Cambridge University Press, 2000.

〔3〕 Peter H. Lindert, *U. S. Foreign Trade and Trade Policy in the Twentieth Century*, in Stanley L. Engerman & Robert E. Gallman (eds.), The Cambridge Economic History of the United States, Volume III: The Twentieth Century, Cambridge University Press, 2000.

序室碍创新，并导致灵活性的匮乏”。[1] 曾有人生动地描述了工会反对企业更新技术、裁汰冗员的情形：“司炉工还在火车柴油机车上工作，虽然司炉岗位在机车上已不存在了。油漆工还用着刷子而不是喷枪。……在报纸印刷厂，工会总是要求对现成的广告铅版再排一次。”[2]

为了改善供给结构、降低产品成本，需要抑制工会的消极影响。为此，里根不但在 PATCO 罢工一事上震慑了工会，而且任命对工会不甚友善的官员出掌国家劳动关系委员会，负责执行《国家劳动关系法》，削弱该法对工会的实际保护。[3] 不过这仍然不足以将钢铁业和汽车业的成本降低到有竞争力的水平。这些行业的资本不得不向成本更低的地区流动：从五大湖区转移到美国南方，乃至韩国和东南亚等地。[4] 由此引发了大量的关厂、迁厂现象。整个 20 世纪 70 年代，关厂导致 3800 万美国人失去

[1] Nelson Lichtenstein, *State of the Union: A Century of American Labor* (*rev. ed.*), Princeton University Press, 2013. 值得一提的是，上述两段评论都是同情劳工的学者所作出的，他们大致分别代表经济学界与劳工研究界的主流观点。

[2] [美] 理查德 B. 弗里曼、詹姆斯 L. 梅多夫：《工会是做什么的？美国的经验》，陈耀波译，北京大学出版社 2011 年版。

[3] 关于里根时期国家劳动关系委员会的人事变动，See Joan Flynn, *A Quiet Revolution at the Labor Board: The Transformation of the NLRB*, 1935—2000, 61 Ohio St. L. J. 1361 (2000); Vanessa Waldref, *Reagan's National Labor Relations Board: An Incomplete Revolution*, 15 Geo. J. Poverty Law & Pol'y 285 (2008).

[4] [美] 贝弗里 J. 西尔弗：《劳工的力量：1870 年以来的工人运动与全球化》，张璐译，社会科学文献出版社 2012 年版。

工作。到里根上任时，关厂速度仍然在加快。[1]

针对关厂和迁厂现象，政府应当采取何种劳动政策？从供给侧来看，既然产品卖不出去，继续投资就是没有效率的。关厂和迁厂是市场作用的结果，反映了资本向效率高的地方流动，而资本配置效率的改善有助于全要素生产率的提高，最终有利于经济增长。至于就业问题，如果资本流动到了国内的其他地方，那么原厂的就业损失就可以在新厂得到弥补；如果资本流动到了国外，所造成的就业损失固然无可弥补，然而要是为了保就业而限制资本流动，就相当于让全体国民补贴这些工厂及其员工，为它们的低效率买单。这样做不仅缺乏正义，而且限于政府的财力，也难以为继。国家既然负担不起阻止关厂和迁厂的经济代价，就只能承受失业的阵痛。里根政府决定两害相权取其轻，让市场去配置资本，减少对关厂和迁厂的限制。

工会激烈反对政府的做法。关厂和迁厂对工会的打击很大，全国工会覆盖率从 1973 年的 29% 跌到了 1991 年的 16%，大部分会员流失是基础工业的关厂所造成的。其中，汽车业工会减员 50 万名，钢铁业工会减员则可能高达 80 万名。[2] 为了保存实力，也为了减少失业，工会从支持自由贸易转向鼓吹贸易保护主

---

〔1〕 James M. Cline, *A Legal, Economic, and Normative Analysis of National Plant Closing Legislation*, 11 J. Legislation 348 (1984).

〔2〕 Nelson Lichtenstein, *State of the Union: A Century of American Labor* (*rev. ed.*), Princeton University Press, 2013.

义，要求限制资本跨国、跨州流动[1]，与政府展开了全方位的较量。

较量的第一个战场是《国家劳动关系法》。工会认为，一些企业关厂的目的是规避工会，这构成对工会的歧视，违反《国家劳动关系法》。[2] 问题在于，有工会的工厂往往也是成本高、效益差的工厂。企业关停这些工厂，究竟是出于正当的经济原因，还是违法的歧视原因，委实难以证明。工会还认为，关厂和迁厂都属于强制集体谈判的范围之内，企业无权自行决定。国家劳动关系委员会确曾支持这种看法。然而，到了 20 世纪 80 年代，最高法院提高了将关厂纳入集体谈判范围的条件，而国家劳动关系委员会则认为迁厂不再是集体谈判的强制议题。[3] 工会利用《国家劳动关系法》阻止关厂和迁厂的努力没有奏效。

较量的第二个战场是各州立法。联邦层面的努力受挫，工会转而希望各州立法阻止工厂外迁和关闭。然而，各州的态度非常冷淡。州和国家一样需要吸引投资，如果规定资本只准进、不准出，就会把投资者赶到其他州去，对经济发展不利。如果州立法限制资本的州际流动，联邦政府可能援引《美国宪法》州际贸易

---

〔1〕 Nelson Lichtenstein, *State of the Union: A Century of American Labor* (*rev. ed.*), Princeton University Press, 2013.

〔2〕 Peter E. Millspaugh, *The Worker Dislocation Dilemma in the United States and Great Britain: Contrasting Legal Approaches*, 16 Ga. J. Int'l & Comp. L. 285 (1986).

〔3〕 James M. Cline, *A Legal, Economic, and Normative Analysis of National Plant Closing Legislation*, 11 J. Legislation 348 (1984).

条款（*Interstate Commerce Clause*）加以干涉，也令各州忌惮。[1]

较量的第三个战场是普通法。立法努力受挫，工会转而从法院寻求支持。比如，根据普通法理论，主张经济性裁员可能损害工厂所在地的公共利益。法院出于证据不足、担心损害企业经营管理权等原因，没有支持这些主张。[2] 取得进展的是个别劳动关系法。一些州法院发展出所谓默契学说（implied contract doctrine），对任意雇佣（employment at will）原则加以限制。[3] 当时，许多因为闭厂和迁厂而失业的员工已经在原厂工作多年。法院认为，长期雇佣的事实证明劳资双方存在默契：劳方以忠诚服务换取职业稳定。雇主非有正当理由，不得打破默契。[4] 然而，实证研究表明，这一学说促使企业更多使用便于解雇的派遣工[5]，这反而破坏了劳动者的职业稳定。

一连串的失利之后，工会把所有力量都集中在最后一个战场——制定新的国家立法。理想的方案是欧洲式的：企业关厂或迁厂前需要获得政府许可，并预先通知员工；解除劳动关系以

〔1〕 James M. Cline, *A Legal, Economic, and Normative Analysis of National Plant Closing Legislation*, 11 J. Legislation 348 (1984).

〔2〕 Peter E. Millspaugh, *The Worker Dislocation Dilemma in the United States and Great Britain: Contrasting Legal Approaches*, 16 Ga. J. Int'l & Comp. L. 285 (1986).

〔3〕 Katherine V. W. Stone, *From Widgets to Digits: Employment Regulation for the Changing Workplace*, Cambridge University Press, 2004.

〔4〕 Katherine V. W. Stone, *From Widgets to Digits: Employment Regulation for the Changing Workplace*, Cambridge University Press, 2004.

〔5〕 Katherine V. W. Stone, *From Widgets to Digits: Employment Regulation for the Changing Workplace*, Cambridge University Press, 2004.

后，企业还要向前员工支付遣散费，并保障其退休待遇。[1] 经过反复拉锯，国会在里根卸任总统前夕通过了《员工调整和缩减预告法》。根据该法，雇员超过100人的企业在关厂或大规模裁员时，要提前60天告知员工；如果裁员规模不大，或者遇到了不可预见的运营状况等，则可以豁免告知义务。[2] 除此之外，对关厂和迁厂不作限制。

里根虽然让新法生效，但是拒绝在新法上签字。他批评新法过分限制企业的决策权，损害企业竞争力，无助于增加就业。[3] 反对新法的学者认为，这部法律不但会限制资本流动，降低资本配置效率，而且会导致很多其他问题：其一，企业为了履行法律义务，不得不付出成本；其二，企业慑于该法给解雇带来的困难，会倾向于少雇人力、多用资本，从而对就业产生消极影响，这在许多发展中国家已成为现实；其三，已经陷入困境的企业在预告期限届满之前不得关厂止损，丧失了灵活性，相当于额外缴税；[4] 其四，提前告知员工将会被裁的噩耗，会导致生产积极性下降，

---

〔1〕 美国和欧洲关厂和迁厂时的劳动法律对比，见 Michele Floyd, *The Scope of Assistance for Dislocated Workers in the United States and the European Community: WARN and Directive 75/129 Compared*, 15 Fordham Int'l L. J. 436 (1992)。

〔2〕 29 U. S. C. § § 2101-2109.

〔3〕 Ronald Reagan, *Statement on the Worker Adjustment and Retraining Notification Act*, August 2, 1988, available at https: //reaganlibrary. archives. gov/archives/speeches/1988/080288a. htm.

〔4〕 Kenneth G. Dau-Schmidt, Robert N. Covington & Matthew W. Finkin, *Legal Protection for the Individual Employee* (4th ed.), West, 2011.

纪律废弛，骨干员工另谋高就，使得预告期间的生产率降低。[1] 反对新法的一方甚至出具报告，预判新法将带来数十亿美元的巨额成本。而在支持一方看来，上述说法不过是危言耸听。[2] 他们认为，预告可以给企业、员工和政府都留出时间，为再就业做准备，例如获取就业信息、参加新雇主面试等，从而降低再就业难度。[3] 问题在于：这部法律所带来的收益和成本，究竟哪个更大些？

答案首先是：收益和成本都不大，《员工调整和缩减预告法》对劳动关系的实际影响很小。这既和立法自身的妥协、模糊较多有关[4]，也和执法完全依赖法院、而联邦法院倾向保守有关。[5] 从收益来看，该法对于减少被裁员工的失业现象确实有帮助；[6] 即使被裁员工失业，该法也能够缩短失业时间。[7] 从

---

〔1〕 Joseph A. Cipparone, *Advance Notice of Plant Closings: Toward National Legislation*, 14 J. Law Ref. 283 (1981).

〔2〕 General Accounting Office, D. C. Div. of Human Resources, *Plant Closings: Evaluation of Cost Estimate of Proposed Advance Notice Requirement—Report to Congressional Requesters*, Mar., 1988.

〔3〕 Richard W. McHugh, *Fair Warning or Foul? An Analysis of the Worker Adjustment and Retraining Notification (WARN) Act in Practice*, 14 Berkeley J. Emp. & Lab. L. 1 (1993).

〔4〕 General Accounting Office, *The Worker Adjustment and Retraining Notification Act: Revising the Act and Educational Materials Could Clarify Employer Responsibilities and Employee Rights*, September 2003, GAO-03-1003.

〔5〕 Richard W. McHugh, *Fair Warning or Foul? An Analysis of the Worker Adjustment and Retraining Notification (WARN) Act in Practice*, 14 Berkeley J. Emp. & Lab. L. 1 (1993).

〔6〕 Richard W. McHugh, *Fair Warning or Foul? An Analysis of the Worker Adjustment and Retraining Notification (WARN) Act in Practice*, 14 Berkeley J. Emp. & Lab. L. 1 (1993).

〔7〕 Christopher P. Yost, *The Worker Adjustment and Retraining Notification Act of* 1988: *Advance Notice Required?*, 38 Cath. U. L. Rev. 675 (1989); Kenneth G. Dau-Schmidt, Robert N. Covington & Matthew W. Finkin, *Legal Protection for the Individual Employee* (4th *ed.*), West, 2011.

成本来看，企业履行法律义务的直接成本并不高，员工人心浮动则确实给一些企业造成了生产率损失。[1] 至于该法是否助长了企业减少雇员数量的倾向，是否损害了困境企业的自救努力，都没有实证过。但是，该法限制资本流动而造成的效率损失，则是必然发生的，只是大小难以测量而已。

值得一提的是，当时的关厂和迁厂具有行业性和地域性特征，往往是同一地域的整个行业全面衰落的结果。如此一来，被裁员工很难在当地找到同一行业的新工作，又缺乏改行所需的新技能，即使提前获知将要被裁的消息，对于再就业的帮助也很小。比起事前告知，他们更需要失业后的救济。早在 1974 年，《贸易调整法》就给予因为国外竞争而失去工作的劳动者最多一年的现金补助。[2] 这一法律获得了里根当局的确认，继续有效。

资本流动是一个痛苦的过程。那些工厂纷纷离开的城市长期萧条，难以转型，产生了所谓“锈带”（Rust Belt）。但是，从低效率产业腾出的资本也投入到更有效率的产业之中，新兴经济部门成长为新的经济引擎。同时，通过改进技术、减轻工会负面影

〔1〕 Richard W. McHugh, *Fair Warning or Foul? An Analysis of the Worker Adjustment and Retraining Notification (WARN) Act in Practice*, 14 Berkeley J. Emp. & Lab. L. 1 (1993).

〔2〕 Peter E. Millspaugh, *The Worker Dislocation Dilemma in the United States and Great Britain: Contrasting Legal Approaches*, 16 Ga. J. Int'l & Comp. L. 285 (1986).

响，钢铁业和汽车业吸引了资本回流，有了复兴的迹象。[1] 这样看来，里根政府减少政府干预、允许传统产业按经济规律裁汰员工的政策是正确的。

（四）新兴经济部门：规制还是放任？

从 20 世纪 70 年代开始，美国钢铁、汽车等传统产业的地位不断下降，新兴经济部门快速崛起。1972 年，信息产业占国民生产总值的比重就达到了 50%，美国率先跨入信息时代。与此同时，第三产业即服务业的比重也不断上升，到 1985 年达到 69.2%。[2] 以信息产业和现代服务业为代表的新兴经济部门跃升为国民经济的主体。美国经济的重新启动，迫切需要这些部门的快速增长。

如何实现新兴经济部门的增长呢？从需求侧来看，这些部门有两个重要特点：一是市场高度细分，需求越来越个性化、多样化，并且需求的内容和规模都在快速变化之中；二是市场越来越需要创意产品和高技术产品。需求压力传导到供给一侧，就提出了劳动力供给改革的两大要求。其一，为了适应变幻莫测的市场，劳动力资源的供给需要加强灵活性。不仅规模要收放自如，

---

〔1〕 Peter H. Lindert, *U. S. Foreign Trade and Trade Policy in the Twentieth Century*, in Stanley L. Engerman & Robert E. Gallman (eds.), The Cambridge Economic History of the United States, Volume III: The Twentieth Century, Cambridge University Press, 2000.

〔2〕 吴蔚：《美国经济增长方式分析》，载《世界经济》1999 年第 12 期。

而且雇员队伍的专业技能也要随时更新。[1] 其二，为了满足消费者对创意和科技含量的要求，必须激发劳动者的创造力，将循规蹈矩的员工改造成大胆创新、积极主动的新员工。以灵活性和创造性为目标，美国劳资关系进行了深入调整。

为了增强劳动力供给的灵活性，企业纷纷改变事实上的长期用工制度，代之以没有长期雇佣承诺的用工形式。美国虽然在法律上实施任意雇佣制度，雇主无需理由即可解雇员工，但是解雇在实践中并非任意为之。前文述及，劳资双方形成默契：只要雇员忠实任事，雇主就会以长期甚至终身雇佣作为回报。这种“心理契约”（psychological contract）在传统行业的大企业尤其明显。它虽然并不成文，也很少有法律约束力，但是具有商业伦理的约束力。[2] 企业一旦违反心理契约，声誉就会受损，招工也会受影响。到了20世纪80年代，迫于供给侧改革的压力，传统部门大量裁员，新兴部门也无力承诺终身雇佣，心理契约随即被打破。[3] 新兴部门大量使用派遣工、劳务外包，以及非全日制工、待召（on-call）工、独立承包工（independent contractor）等。从1981年到1989年，派遣工数量翻了一番，超过了100万人；从

---

〔1〕 Katherine V. W. Stone, *From Widgets to Digits: Employment Regulation for the Changing Workplace*, Cambridge University Press, 2004.

〔2〕 Katherine V. W. Stone, *From Widgets to Digits: Employment Regulation for the Changing Workplace*, Cambridge University Press, 2004.

〔3〕 Katherine V. W. Stone, *From Widgets to Digits: Employment Regulation for the Changing Workplace*, Cambridge University Press, 2004.

业岗位从低端拓展到高端，包括许多技术岗和管理岗。有人甚至认为，缺乏长期用工承诺的岗位占到了全部工作的25%至30%。后来，用工灵活化的趋势扩展到了整个劳动力队伍，即便是核心员工也不再拥有职业稳定的前景。据统计，每位美国劳动者一生平均要换11次工作，并3次转换自己的职业技能。[1]

而为了增强劳动者的创造力，还必须调动他们的主观能动性。创新需要艰苦思考、打破陈规和承担风险，而传统职场的信条恰恰是服从命令、循规蹈矩和明哲保身。实践表明，愿意做出头之鸟的员工，往往对企业有着高度的认同感。他们并不把工作仅仅当成糊口的方式，而是以我国《宪法》上的主人翁精神[2]、或者说“组织公民”（organizational citizen）的觉悟来看待本职。[3] 可是，这种觉悟从何而来？企业连长期雇佣都承诺不了，员工朝不保夕，就如同公民随时可能被逐出城邦，怎么会把企业当成自己的事业呢？创造性与灵活性两大诉求之间，出现了尖锐的矛盾。

为了解决这个矛盾，在灵活用工制度下鼓励员工创新，新兴经济部门的企业致力于捕捉员工的利益关切，唤起员工认同。随

---

〔1〕 Katherine V. W. Stone, *From Widgets to Digits: Employment Regulation for the Changing Workplace*, Cambridge University Press, 2004.

〔2〕 我国《宪法》第42条第3款：“……国有企业和城乡集体经济组织的劳动者都应当以国家主人翁的态度对待自己的劳动……”

〔3〕 Katherine V. W. Stone, *From Widgets to Digits: Employment Regulation for the Changing Workplace*, Cambridge University Press, 2004.

着旧心理契约的打破，员工的利益关切也发生了变化：一是从注重职业稳定转向注重工作机会，认为就业能力（employability）比就业本身更加重要；二是从希望薪酬与年资挂钩转向希望薪酬与贡献挂钩，既然干不长久，就不要搞论资排辈；三是从单纯服从人事管理转向注重管理的公平性，既然不能从长计议，就不想忍耐眼前的不公。企业认为，只要满足这些关切，就可以换取员工的认同。在工作机会方面，企业加强培训，特别是培养可在全行业范围内通用的知识技能，增强员工的人力资本。企业还提升员工的社会资本，在内部打破部门、岗位之间的界限，在外部则通过关联企业、网络化生产（network production）等方式，模糊企业之间的界限，为员工创造积攒人脉、调动和跳槽的机会。[1]在薪酬管理方面，企业按照员工创造的市场效益来确定报酬，并采取期权激励等新型报酬形式。在人事管理方面，企业则更加注重程序的正规性和公平性，并将管理创新写入劳动规章。[2]通过这些努力，员工的利益关切得到了回应，创新精神得到了激发。灵活性与创造性两大诉求之间的矛盾有所缓和。

那么，劳动政策和法律应当如何看待劳资关系的上述变革

---

〔1〕这种打破岗位、部门乃至企业间界限的做法，造就了所谓无界职场（boundaryless workplace）。Katherine V. W. Stone, *From Widgets to Digits: Employment Regulation for the Changing Workplace*, Cambridge University Press, 2004.

〔2〕Katherine V. W. Stone, *From Widgets to Digits: Employment Regulation for the Changing Workplace*, Cambridge University Press, 2004.

呢？在里根当局看来，这些变化都是为了回应市场需求，是供给侧改革的组成部分，应当予以支持，不该限制劳资关系的自发探索。具体采取了三种态度：第一，对于变革的绝大部分内容，政府持放任态度，不加干涉。第二，对于个别内容，国家持明确支持态度，通过法律加以确认。比如，法律将劳动规章认定为单诺契约（unilateral contract），赋予其法律执行力[1]，将人事管理改革的成果以法律形式固定下来。第三，对于争议较大的内容，国家则允许各州将不同观点分别投入实践，作出选择。比如，为了鼓励企业投资培训和研发，大多数州赋予离职竞业限制协议以法律执行力，防止跳槽员工把老东家的商业秘密带到新东家去。而加利福尼亚州则认为，员工跳槽固然会带来泄密风险，但也可以产生知识的溢出效应（spillover effect），惠及新东家，这对于创新发展是有利的，所以不应当强制执行离职竞业限制协议。究竟哪种做法更有利于创新？加州的做法推动了硅谷的崛起，而马萨诸塞州的选择正相反。结果，该州第128号公路（Route 128）地带和硅谷同样云集著名高校，甚至融资更为便利，但是信息产业发展远逊于硅谷。[2] 政策争论会继续下去，而联邦政府将决定权留给各州是妥当的。

---

〔1〕 标志性案例为 Woolley v. Hoffman La Roche，491 A. 2d 1257（N. J. 1985）。

〔2〕 Ronald J. Gilson，*The Legal Infrastructure of High Technology Industrial Districts：Silicon Valley，Route 128，and Covenants Not to Compete*，74 N. Y. U. L. Rev. 575（1999）.

阵痛之后是复苏。里根任职初期，由于传统部门的关张，以及新兴部门雇佣保障的瓦解，美国失业率攀升到了 9.7%。而随着传统部门的重组和新兴部门的快速发展，失业率掉头下降，到里根离任那年降至 5.3%，甚至低于以经济繁荣著称的比尔·克林顿的首个任期。[1] 与就业相呼应，经济增长率经过 1982 年的短暂衰退以后，连续 7 年维持在 3.5% 以上，最高达到 7.3%。[2] 重振美国经济和就业的历史任务完成了。

三、现实命题：劳动法制发展的走向探索

无论是回溯历史，还是借鉴国外，落脚点都在于中国当下。供给侧结构性改革时期，我国劳动法制发展要汲取中美两国的历史经验和教训。劳动法制要根据经济改革的需要而不断调整，跟上改革步伐。不同经济阶段，劳动者利益的重心不同，劳动法制的保障方向也要随之变化。供给结构调整必然带来就业结构调整，劳动法制要积极服务于这一过程。当前，供给侧结构性改革的劳动法内涵，集中反映在钢铁和煤炭行业去产能过程中的职工安置问题，国务院、人力资源社会保障部等为此制定了法规

[1] U. S. Bureau of Labor Statistics, *Labor Force Statistics from the Current Population Survey*: *Unemployment status of the civilian noninstitutional population*, 1945 *to date*, available at http: //www. bls. gov/cps/cpsaat01. htm.

[2] U. S. Bureau of Economic Analysis, *National Income and Product Accounts Tables*: *Percent Change From Preceding Period in Real Gross Domestic Product*, available at http: //bea. gov/iTable/iTable. cfm? ReqID = 9&step = 1#reqid = 9&step = 3&isuri = 1&903 = 1.

和规章。劳动法制要积极引导劳动力流向有效产能，不能给劳动力流出无效产能设置障碍，才可以实现符合经济改革方向的新发展。

（一）劳动法制发展的经验总结

综观我国改革开放以来劳动法制的演进，借鉴美国供给侧改革时期劳动法制的调整，可以得出中美两国劳动法制发展的三条主要经验，以及对应的教训。

经验之一：劳动法制应该根据经济改革的需要而不断调整。劳动法制并不是封闭运行的，而是以外在的经济改革为依据，不断进行调整。劳动法是实现劳动政策、助推经济改革的工具。劳动法制要保护劳动者利益，劳动者的利益首先在于就业，就业的扩张有赖于经济增长，经济增长则要靠经济改革来实现。所以，劳动法制跟着经济改革的指挥棒起舞，是符合自身价值取向的。劳动领域“变法”的底气何在？就在于变法顺从经济改革大势，而经济改革符合劳动者的根本利益。有了底气，我国劳动法制才敢于击穿城乡区隔，打碎“铁饭碗”，撤去“大锅饭”，改善劳动力供给；敢于冒着增加成本、降低国际竞争力的风险，保障劳动者待遇，拉动内需。同样是因为有了底气，美国里根当局才敢于和工会挟持公共经济部门的行为做斗争；敢于承受关厂和迁厂的阵痛，让市场淘汰低效产能；敢于承受长期雇佣的职场默契被打破的后果，让市场摸索新的劳资平衡之道。

经济改革的转向传导到劳动政策、再传导到劳动法制，需要一个过程。我国供给侧综合性改革近二十年之后，《劳动法》才出台；实施刚满三年，经济改革的重心就转向需求侧，《劳动合同法》却又持续了八年才问世；值得一提的是，《劳动合同法》实施不足两年，国际经济形势骤变，经济改革又向供给侧转移。经济改革的急转、政策传导的迟钝，导致了劳动立法“一出台就滞后”的尴尬局面，也导致地方政府的执法热情不足，损害了法治的权威。为了增强劳动法的权威性，劳动法制改革必须跟上经济改革的脚步。每一轮经济改革启动之后，只要基本方向明确，就应该及时调整劳动法；哪怕之后再做小的修补，也远强过大修在姗姗来迟之后立即过时。这是值得记取的重要教训。

经验之二：劳动法制应该根据劳动者利益重心的变化而不断调整。当经济改革以需求侧为主时，消费是经济增长的主要动力，劳动法制应当以改善劳动者各项待遇为重心；当经济改革以供给侧为主时，劳动力投入的增加、配置的优化对经济增长至关重要，劳动法制应当以扩大和调整劳动者就业为重心。劳动法的保障重点在就业和待遇之间摆动，产生了“天平效应”，这集中反映在《劳动法》与《劳动合同法》的不同侧重。

天平效应有两个对立面。一是将天平固定在一端不动，片面保障劳动者的就业或待遇。只讲就业、不顾待遇，近乎所谓自由放任主义（libertarianism），久已被劳动法制所淘汰；而只讲待遇、不顾就业，无异于缘木求鱼。美国当年实施供给侧改革，劳动者利益重心已经转向就业，而钢铁业、汽车业工会继续一味要求提高待遇，导致企业负担更重、效率更低，加剧了关厂和迁厂，引发更多失业。就业之皮不存，待遇之毛焉附？直到里根当局削弱工会力量，情况才有好转。

二是所谓“尺蠖效应”：该讲就业的时候，就业不充分，待遇却应声而落；该讲待遇的时候，待遇不落实，就业却大受限制，最终两头落空。[1]《劳动法》以保障就业为主，执行状况不佳，却成了压低劳动者待遇的口实；《劳动合同法》以提高待遇为主，执行状况也不理想，却让企业顾虑人力成本而不敢用人，导致劳动者的就业无法兑现。这个教训同样值得记取。

经验之三：供给结构调整必然带来就业结构调整，劳动法制应当积极服务于这一过程。一是要支持劳动力流出无效产能。我国供给侧综合性改革期间，针对一些企业长期亏损、无法满足市场需求的状况，制定《破产法（试行）》，建立无效产能退出机制，引导劳动者另谋出路。美国供给侧改革期间，支持市场淘汰没有竞争力的企业，减少对关厂和迁厂的干预，让劳动力尽快离

〔1〕“天平效应”与“尺蠖效应”的概念参考了秦晖：《权力、责任与宪政——关于政府“大小”问题的理论与历史考查》，载《社会科学论坛》2005年第2期。

开无效产能。二是要支持劳动力流向有效产能。我国允许农村富余劳动力进城务工，投入出口加工业；美国政府赋予劳动规章以法律执行力，确认劳资关系改革的成果，支持新兴经济部门，都反映了这一点。

在就业结构调整时，劳动法制要防止两种错误倾向。一是为了在短期内保就业，阻止劳动力流出无效产能，拒不“放手”。这样做只能推迟、而不能避免失业的到来。自从2008年全球金融和经济衰退以来，我国一些企业、特别是国有企业的产能早已严重过剩，沦为“僵尸企业”。地方政府为了防止大规模失业，用银行信贷和财政补贴把这些企业养了起来，如今不但难以为继，还将生产和就业领域的风险传导到了金融领域。这种政府干预必须退出。正像权威人士指出的，政府要以自我革命的精神，“把‘放手’当作最大的‘抓手’”。

二是片面采取不干预政策，不积极引导劳动力流向有效产能，形同“甩手”。[1] 里根当局的具体政策虽然远非“不干预”所能概括，但是为了谋取政治资本，当局的许多做法都沾上了新自由主义的色彩。[2] 对于传统部门衰落所造成的集中失业，政府干预不够，导致了“锈带”的产生；当局一面给富人减税，

---

〔1〕 关于政府“放手”、“抓手”和“甩手”之间的关系，见龚雯、许志峰、吴秋余：《开局首季问大势——权威人士谈当前中国经济》，载《人民日报》2016年5月9日，第1版。

〔2〕 关于新自由主义，参见［美］大卫·哈维：《新自由主义简史》，王钦译，上海译文出版社2016年版。

一面对穷人帮扶不足，导致贫富差距拉大。这些弊政影响深远，我国当以此为戒。

中美两国劳动法制发展的经验教训总结如下表：

经验	教训
劳动法制应该根据经济改革的需要而不断调整	劳动法制调整要跟上经济改革节奏，防止新法一出台就过时
劳动法制应该根据劳动者利益重心的变化而不断调整	劳动法制的保障必须调整，防止保障偏离劳动者的利益重心
	劳动法制的保障必须落实，防止出现“尺蠖效应”
供给结构调整必然带来就业结构调整，劳动法制应当积极服务于这一过程	劳动法制不能阻止劳动力流出无效产能，拒不“放手”
	劳动法制不能消极对待劳动力流向有效产能，形同“甩手”

（二）劳动法制发展的初步观察

2015 年 12 月，中央经济工作会议首次使用“供给侧结构性改革”的完整概念，[1] 劳动法制的调整相应展开。自 2015 年 12 月 22 日至 2016 年 5 月 11 日，国务院共召开 15 次常务会议，其中 8 次涉及劳动就业工作，总结如下表：[2]

〔1〕 新华社：《中央经济工作会议在北京举行》，载《人民日报》2015 年 12 月 22 日，第 1 版。
〔2〕 相关报道见新华网专题：http：//www. xinhuanet. com/politics/leaders/likeqiang/zyhd. htm，2016 年 5 月 13 日访问。

日期	措施	主题
2016. 1. 22	化解钢铁煤炭行业过剩产能，做好职工安置	去产能
2016. 4. 13	降低企业职工基本养老保险单位缴费比例、失业保险总费率、住房公积金缴存比例，促进增加就业	降成本
2016. 1. 6	扩大跨境电子商务综合试点，增加就业	补短板：培育新业态
2016. 4. 6	实施“互联网 + 流通”行动，拉动就业	
2016. 2. 3	建设新型创业创新平台	补短板：大众创业、万众创新
2016. 2. 17	加快科技成果转移转化	
2016. 3. 30	促进创新发展，以创新带动创业就业	
2016. 4. 20	建设双创示范基地，构筑完备的创业创新服务链	

其中，与补短板有关的六项措施，是为了促进劳动力向有效产能流动。政府扮演双重角色：一方面，政府要积极作为，培育新业态，以平台和基地为形式整合就业创业服务；另一方面，政府要自我革命，创新体制机制，打破对于劳动力流动和使用的不当限制。例如，体制内科技人员是重要的人力资源，却长期无法到体制外从事创新创业工作。国家为此允许他们到企业兼职，或在3年内保留人事关系离岗创业。还规定：体制内科研机构科技成果转化所得的收益，要有相当部分用于奖励主要贡献人员。[1]

当前，供给侧结构性改革给劳动法制提出的任务，主要集中在钢铁、煤炭业去产能的职工安置工作。国务院已经出台了《关

〔1〕国务院《实施〈中华人民共和国促进科技成果转化法〉若干规定》（2016年2月26日发布实施）。

于钢铁行业化解过剩产能实现脱困发展的意见》（以下简称《国务院意见》），人力资源社会保障部等配套制定了《关于在化解钢铁煤炭行业过剩产能实现脱困发展过程中做好职工安置工作的意见》（以下简称《人社部意见》），法制调整的行动较为迅速，跟上了经济改革的节奏。在供给侧结构性改革中，劳动者的利益重心在于就业，这只能通过尽快从无效产能流出、到有效产能另谋职业来实现。如果劳动力流动不出去，甚至出现劳动力流动不畅、待遇却应声而降的“尺蠖效应”，就背离了劳动者的利益。劳动法制改革的关键，在于准确界定政府角色，不仅要防止出现政府“甩手”缺位的现象，更要坚决制止政府拒不“放手”、阻碍劳动力流出无效产能。据此审视《国务院意见》和《人社部意见》，有如下值得关注之处：

第一，两份意见均规定，职工安置方案未经职工代表大会或全体职工讨论通过，不得实施。以民主程序保障职工利益是值得肯定的，也有《企业民主管理规定》作为依据。问题在于，如果安置方案迟迟得不到通过，是否意味着企业就不能关停、产能就不能淘汰？那样会降低资本配置的效率，拖累经济发展，最终不利于就业，损害劳动者的利益。劳动法制应当为安置方案的讨论设置一定时限，期满后如仍不能通过，则由政府、企业和职工三方会商，制定最终方案并实施。

第二，《人社部意见》规定，以破产等方式淘汰产能的企业，应当预留内退人员的社会保险费和生活费。防止内退人员因企业破产而失去保障是必要的。问题在于，如果企业破产时的剩余经费不足以预留上述费用，是否意味着企业就不能破产？那样同样会导致资本配置的低效。中央为职工安置安排了专项经费，应当用于补足预留费用，保障无效产能尽快退出。

第三，《人社部意见》规定，政府对不裁员或少裁员的企业给予稳岗补贴。这对于企业度过暂时的经营困难、稳定就业岗位是必要的。但是，补贴只能救急，只适用于“工艺技术较为先进、市场前景较好”的企业。至于技术落后、没有市场的企业，如果为了稳岗而长期补贴，相当于政府出资把没有竞争力的劳动者养起来，这对于劳动力的流动和产能的调整是不利的。

第四，《人社部意见》还规定，支持企业采取多种经营、辅业改制、培训转岗等方式安置富余人员，并由政府设置公益性岗位，为再就业困难人员兜底。这对于缩小失业规模是有利的。但是，无论是开拓经营领域、兴办辅业、内部调动，还是设置公益岗位，都必须符合市场原则。不能罔顾市场需求，导致新经营领域和辅业长期亏损，冗员充斥，只能靠财政补贴过活。这同样是和去除无效产能、引导劳动者流出的方针背道而驰的。

* * *

回顾历史，无论在中国还是美国，经济改革重心的转换都曾引起劳动法制的系统调整。展望未来，供给侧结构性改革的劳动法内涵远未全部开示，劳动法制发展的具体方向存在很大争论。[1] 这些争论尚未引起法制变化，超出了本章的讨论范围。无论劳动法制如何演变，都应当顺应经济改革的需要，契合劳动者利益的重心，保障市场对劳动力资源的配置起决定性作用，处理好政府“有为”与“无为”的关系。这是本章的基本结论。

---

〔1〕 争论主要围绕《劳动合同法》的修订问题展开。参见楼继伟：《中高速增长的可能性及实现路径》（2015 年 4 月 24 日在清华大学经济管理学院的演讲），http：//www. sem. tsinghua. edu. cn/semcms _ com _ www/upload/article/image/2015 _ 2/4 _ 30/nzlii93xq9n3. pdf，2021 年 10 月 17 日访问；董保华：《〈劳动合同法〉的十大失衡与修法建议》，载《探索与争鸣》2016 年第 4 期；姜颖：《〈劳动合同法〉亟需客观准确的解读》，载《工人日报》2016 年 3 月 8 日，第 7 版；邵克：《常凯：越是经济下行越要保障劳工利益》，载《民主与法制时报》2016 年 3 月 27 日，第 6 版。

第五章　美国劳动法制的三次调整与启示

现代美国劳动法制从19世纪末起步，经过一百多年的发展，已经比较成熟。对于保持政治稳定、推动经济增长、促进社会和谐，劳动法都起到了重要作用。劳动法调控劳资关系的手段主要有两种：一是通过设定劳资双方的权利义务，进行直接规制；二是通过支持劳动者结成工会、与资方交涉和斗争，进行间接规制。美国劳动法制发展的主要经验，就在于根据经济和社会发展的客观需要，不断调整法律体系，综合运用直接和间接规制手段，保护劳动者的利益。

一、美国劳动法制的三次重要调整

美国劳动法制不是一成不变的。相反，美国政府根据经济政策，及时改革劳动政策和劳动法，形成了劳动法制的三次重要调整。

第一次调整始于20世纪30年代，主旨是改变自由放任的劳动政策，建立以间接规制为核心的劳动法制，为需求侧的经济政策服务。南北战争以后，美国政治稳定，国家统一，市场扩大，技术革新，迎来了经济发展的黄金时期。对于劳动力市场和劳动关系，政府奉行自由放任政策，尽量减少干预。工人罢工乃至结社被视为共谋犯罪，工资和工时立法被认为侵犯劳资之间的契约自由，雇主被授予任意解雇工人的权利。劳动者缺乏保护自身利益的法律手段，劳资矛盾日益高涨。到了 1929 年，资本主义世界爆发大危机，随之迎来经济大萧条。美国失业严重，劳动者陷入贫困，劳资矛盾空前尖锐，社会濒于崩解。自由放任的劳动政策行不通了。

为了走出危机，富兰克林·罗斯福举行新政。他实施凯恩斯主义的经济政策，从需求侧入手，力图通过扩大投资和消费来重振经济。劳动者当中蕴含着巨大的消费潜力；要想将这种潜力释放出来，劳动者的工作要有着落，待遇要有保障，后顾之忧要尽量减少。为了创造就业岗位，美国政府扩大公共开支，增加政府订货，推行以工代赈，吸纳失业人员；为了减少劳动者的后顾之忧，美国政府出台了《社会保障法》，初步编织起社会安全网。问题的关键在于如何保障劳动者的待遇。

摆在美国政府面前的方案有两种。一是直接规制劳动关系。政府可以为工资、工时等方面的待遇划定底线，制定劳动基准，命令雇主遵行；也可以限制雇主的解雇权，增强劳动者待遇的稳定性。美国为此颁布了《公平劳动基准法》。但是，为了不过分限制市场的作用，底线不可能定得太高，对劳动者待遇的保障也是有限的；限制解雇权的方案也因为政治条件的缺乏而未能实现。二是间接规制劳动关系。政府可以通过保障劳动者团结起来雇主的谈判和斗争，间接地改善劳动者待遇。这种方案顺应了工会运动发展的现实，手段又具有间接性，成本低于直接干预，所以被美国政府所采纳。

1935 年，美国制定了《国家劳动关系法》。这部法律承认并保护劳动者结成工会的权利，支持工会与雇主进行集体谈判，签订协议，规范劳动关系中的重大事项。为了迫使雇主坐到谈判桌前或者作出利益妥协，工会有权发起罢工等集体行动。后续立法又补充了规范工会行为和保障会员权利的内容，从而形成了美国集体劳动关系法。直到 20 世纪 60 年代，集体劳动关系法都是美国劳动法制的核心内容。它保障了劳动者的待遇，拉动了消费，帮助美国走出萧条，迎来了长达一代人时间的经济繁荣。

第二次调整始于 20 世纪 60 年代，主旨是改变间接规制的劳动政策，以直接规制补强劳动法制，继续为需求侧的经济政策服务。美国工会力量在 20 世纪 60 年代发展到顶点，随即进入漫长的衰退期。这一方面是因为工会官僚化严重，贪腐横行，无法充分代表会员利益；另一方面是因为雇主坚决抵制，社会氛围和文化传统也对工会持较为消极的看法。由于劳动者的入会率持续走低，仅仅依靠工会已经不能保障劳动者的待遇。失去保障的劳动者收紧腰包，以防不测，消费意愿和能力都有所降低，内需对经济发展的拉动作用受到影响。间接规制的劳动政策行不通了。

为了重振内需，就要继续提高劳动者待遇。既然间接规制难以完成这一任务，就要通过直接规制加以替代。为此，美国于 1964 年出台了《民权法》，禁止在就业中实施基于种族、性别、宗教信仰等的歧视，保障劳动者的平等就业权；于 1970 年出台了《职业安全与卫生法》，确保劳动者享有安全、健康的工作条件和环境。从 1975 年到 1980 年，美国打破几年一调的惯例，连年调高国家最低工资标准。通过这些措施，劳动者待遇下滑的趋势有所缓解，劳动者保持了较强的消费意愿和能力，内需得以继续发挥经济增长引擎的作用。

第三次调整始于 20 世纪 80 年代，主旨是全面检讨劳动政策，改革劳动法制，为供给侧的经济政策服务。20 世纪 70 年代后期，美国经济陷入“滞涨”困境。在经济增长停滞的同时，通货膨胀率居高不下，严重抑制了消费。为了防止进一步扩大通胀，政府不敢采取大规模投资刺激政策。而美国经济还面临日本和西欧诸国的强力竞争，外需不振。消费、投资和出口“三驾马车”都无力提振经济，需求侧经济政策宣告失灵。经济发展的希望随即转向供给侧。1981 年，罗纳德·里根接任美国总统，正式展开供给侧改革。

当时，美国供给侧改革面临三大任务。一是公共经济部门如运输业成本过高，并转嫁到其他部门，降低了整个经济体的竞争力，需要“降成本”；二是传统经济部门如钢铁业、汽车业产能过剩，产品因为质次价高、适销性差而大量积压，使得整个行业债务高企、难以为继，需要“去产能”；三是新兴经济部门如信息产业方兴未艾，尚未担当起经济发展主角的大任，需要“补短板”。围绕这三项任务，美国政府出台了一系列劳动政策，对劳动法进行了改革。

在公共经济部门，由于国有企业掌握经济命脉，又缺乏竞争，使得工会产生了漫天要价的冲动。最突出的是空管业工会，他们趁新总统立足未稳，要求将周工时缩短到32小时、全员加薪四成，并发动罢工。满足诉求的成本将高达7.4亿美元，这笔钱终将由使用航空服务的企业和个人承担。为了“降成本”，美国政府断然拒绝妥协，依法解雇罢工者，恢复了空管业的秩序。

在传统经济部门，由于长期亏损，钢铁厂、汽车厂大量关闭，资本随之流出，劳动者也失去了工作。为了“去产能”，美国政府支持资本按照市场规律流动，反对为了保就业而拖累落后产能的淘汰。按照《员工调整和缩减预告法》，企业大规模裁员前虽然有义务告知员工，但是无须获得政府批准，也不需要向员工支付遣散费，从而有效控制了资本流动的劳动成本。

在新兴经济部门，市场需求变化迅速而剧烈，企业需要经常调整员工规模和结构。于是，企业打破了长期雇佣员工的默契，积极行使任意解雇权。这令劳动者的职业稳定性受到冲击，劳动积极性有所下降。美国政府没有急于出手干预解雇自由、恢复旧的默契，而是给劳资双方留出了自由探索的空间。后来，企业通过培养就业能力、提供发展机会等措施，重新调动起劳动者的积极性和创造性。劳资双方建立起新的默契，适应了市场的要求，帮助新兴经济部门成长为美国经济发展的主引擎，实现了“补短板”的目标。

美国的供给侧改革持续到 20 世纪 80 年代末期。到里根离任时，美国经济增长加速，失业率下降，“滞涨”局面完全改观，改革取得了显著成效。劳动法制在其中无疑扮演了重要角色。

二、美国劳动法制发展的主要经验

纵观美国百余年来劳动法制的发展，最根本的经验，就在于以宏观经济政策为导向，以劳动者的利益为依归，运用辩证的、发展的眼光，推动法制的不断完善。这也是美国劳动法对于我国的主要启示所在。

首先，劳动法要以劳动者的利益为依归。从否定自由放任的劳动政策开始，美国法律首先承认了劳动者的组织工会权、集体谈判权和集体行动权，之后加强了平等就业权、职业安全和健康权的保障，形成了包括集体劳动关系法和个别劳动关系法的劳动法律体系。我国《劳动法》及配套立法同样以保护劳动者合法权益为宗旨，无论今后如何修法，这一宗旨都应得到贯彻。

其次，劳动法要找准劳动者的利益所在。劳动法要保护劳动者的利益，劳动者的利益首先在于就业，就业的扩张有赖于经济增长，而保增长是经济政策的重要目标。所以，劳动法在总体上必须和经济政策保持一致。诚然，劳动法也要服务于社会政策，对于经济政策有反思、限制乃至修正的作用。但是，如果劳动法把某些利益赋予了劳动者，却影响了经济发展，劳动者最终也会受到损失，这和劳动法的宗旨是相悖的。这种“好心办坏事”的情况是我国应当避免的。

最后，劳动法要不断发展完善。世上不存在先验的、普适的、“完美”的劳动法模式，任何国家的劳动法都是根据国情不断探索的产物。经济政策和社会形势一旦变化，劳动政策和劳动法就必须随之调整，不能墨守成规。“天行健，君子以自强不息”。面对中国经济发展的新常态，面对供给侧结构性改革的艰巨任务，面对国际国内经济动向的不断变幻，我国《劳动法》亟须借鉴各国劳动法制发展的经验教训，以开放的心态进行自我完善，服务于经济和社会发展的大局。

第六章　美国工会的当下困境与历史溯源

2019年，美国工会由于一系列公共事件而吸引了国人的眼球。先是纪录片《美国工厂》热映，片中摄入了工会因为寻求在福耀美国玻璃厂建立组织而与资方激烈对峙的画面，令人印象深刻。之后，工会与通用汽车公司谈判破裂，发起大罢工，参加者达近5万之众。罢工者失去工资，靠着工会发放的每周250美元津贴度日，坚持了41天之久，终于换得资方妥协，签订了集体谈判协议。值得一提的是，两个事件的主角都是美国汽车工人联合会（UAW），这也是美国当今动员能力首屈一指的工人组织。种种迹象表明，工会仍然是美国社会一支重要的组织力量，并且正在以越来越多的形式与中国发生关联。在沉寂多时之后，美国工会“偶露峥嵘”，让观察者不禁发问：美国工会怎么了？本章就从通用汽车公司罢工事件这一个案出发，从法律的角度尝试回答这个问题。初步的结论是：工人运动关系到美国的国本，美国人对强国之本的不同理解塑造了法律对于工人运动的不同态度，形成了今天对于工人运动既保护又限制的法律政策。面对自由派和保守派的左右夹攻，工人运动和劳动法进退维谷，前景不容乐观；失去工人运动的助力之后，蓝领阶层的美国梦、中产梦正渐行渐远。

一、个案：通用罢工事件的寻常与非常

（一）通用罢工事件的寻常

对于“隔岸观火”的外国研究者而言，长达 41 天的美国通用汽车公司罢工实际上相当乏味，看点并不是很多，与国人对于罢工的传统想象大相径庭。这也是国内媒体对这次罢工的热情迅速降低的原因。首先，这次罢工缺乏突然性，劳资双方事前对于进入罢工的预期都比较明确，准备比较充分。早在罢工发生前几个月，通用汽车公司就安排加班，增加备货，以减少罢工停产对于销售的影响。工会更是提前放风，以至于罢工发生时，媒体没有表现出任何的意外。罢工如战争，而战斗的胜利在很大程度上取决于进攻的突然性，这是军事常识。相比之下，这次罢工的双方似乎都缺乏通过突击取得胜利的欲望。

其次，这次罢工的烈度低得多，以传统的眼光来看，有些过分“温良恭俭让”。在将近六周的时间里，几乎没有看到关于罢工引发暴力事件的报道。罢工者虽然不上班，但也没有大规模地参加抗议。在不少抗议活动的照片上，工人举着标语，

队形松散，边走边聊。除了罢工以外，罢工者也没有采取其他阻止生产的措施：他们既没有占领工位，阻止他人替岗；也没有在工厂门口设置纠察线，阻止他人进出。相应地，资方也并没有雇人大规模替岗，更没有用关闭工厂的方式来激烈对抗。在通用汽车公司的50多家工厂和设施之外，也没有其他企业举行同情罢工。与惯常的认识相比，美国工人似乎缺乏阶级情感和觉悟。

最后，这次罢工的政治色彩比较淡。无论是劳方还是资方，都没有提出像样的政治诉求，更没有任何政治纲领的存在。劳方所争取的都是具体待遇的提升，主要包括提高工资、增加分红、维持医保、确保转正和减少迁厂，而资方也将斗争的议题限制在待遇问题之上。罢工迁延日久，给各方造成了不小的损失，但是政府部门几乎没有干预。政治人物虽然频频表态，但是“站队”的现象非常很少发生。在罢工之后的第一时间，以言辞出格而闻名的唐纳德·特朗普（Donald Trump）就通过推特发声。他说，通用汽车和美国汽车工人联合会又罢工了，一起达成协议吧！言语之间表露出尽快息事宁人的愿望，而并没有论定谁是谁非，甚至在“又”字当中还流露出不耐烦的心态。这种心态显然来自罢工本身的乏味：双方准备充分，斗争烈度不足，政治色彩平淡。一言以蔽之，罢工在美国已经常规化（routinize）了。正如美国学者所言，这其实是法律调整工人运动的目标所在。

（二）通用罢工事件的非常

然而，如果将这次罢工放在美国工人运动历史的大背景之下，它的特殊性就会凸显出来：在工人运动长期衰落的绝境之中，美国汽车工人联合会竟然能够动员如此之多的工人参加罢工，罢工竟然能够坚持如此之久，罢工者竟然愿意承受如此巨大的损失，这都让人有恍若隔世之感。美国工人运动的衰落已经是不争的事实。2019 年 1 月，美国劳动统计局发布了关于全国工会状况的最新调查结果。美国劳动者获得工会代表的比例已经跌至 10. 5% 。这个比例在 60 年前是 35% 左右。仅有的工会会员分布极不平衡：私人部门的会员比例已经降至 6. 4% ，而公共部门的会员比例仍有 33. 9% ；在金融业和专业技术服务业等行业，参加工会的劳动者不足 2% ，而安保服务业和教育培训业的参会率则达到 34% ；与黑人相比，其他族裔的结社率都要低一些；大约半数会员集中在 7 个州之中，它们是加利福尼亚州、华盛顿州、纽约州、宾夕法尼亚州、伊利诺伊州、密歇根州和俄亥俄州，这些州大部分处在所谓“铁锈带”之中。数据表明，美国工会已经成为特定部门、特定行业、特定族裔，乃至特定地方的现象，其对工人的普遍代表性正在日渐丧失。

冰冷的数据背后是更加冰冷的现实：工会正在失去普通大众、政党以及潜在会员的支持。对于普通大众来说，工会的形象一贯不佳。大企业历来由于管理的官僚化而遭人诟病，而工会一旦坐大，其官僚主义的程度竟然丝毫不落下风，以致有人将“大工会”（Big Labor）与“大资本”（Big Capital）并列为劳动者的对立面。贪腐更像毒瘤一般威胁着工会的正当性。早在60多年前，美国参议院就曾组织特别委员会，调查工会内部的违法和败德现象，结果发现国际卡车司机兄弟会（International Brotherhood of Teamsters）的主席大卫·贝克（David Beck）从工会经费中挪走37万美元之多，供个人开销之用。贝克伏法之后，其继任者詹姆斯·霍法（James Hoffa）的做法有过之而无不及。他公然表示，银行家、商人和政客都利用犯罪获益，工会领袖如果不去运用黑社会的力量就是“傻瓜”。有黑社会撑腰，此人曾经向工会同僚“借”款12万美元。他还以压制工人集体行动为条件换取企业股份；为了掩人耳目，股份由他老婆用婚前的姓氏代持。丑闻一出，举国震动。1959年，《兰德鲁姆—格里芬法》（Landrum-Griffin Act）出台，国家对工会内部管理作出了大量干预。除了官僚主义和贪腐之外，工会为了保住会员岗位而阻碍技术革新，也是时常遭人诟病之处。

对于两大政党——民主党和共和党而言，工会的政治动员能力正在下降，在两党之间纵横捭阖的机会随之减少。传统上，工会被认为与民主党关系更加密切，是民主党的重要票仓。这一方面是因为民主党长期执行偏自由派的社会政策，对工会所代表的普通劳动者较为友好；另一方面是因为工会具有较强的动员能力，可以鼓动会员出来投票，并且引导他们支持特定的政党。“铁锈带”各州本来是工会会员最多的地区，也是民主党的传统势力范围；而在2016年大选时，当地工人却大量倒戈，投票支持共和党，这成了特朗普上台的重要原因。如此一来，民主党大失所望，工会以选票换取政策支持的空间进一步压缩。

对于潜在会员来说，工会缺乏吸引力，这让工会失去了在未来拓展组织的方向。这些劳动者就算不把工会当成敌人，也对工人运动无感，认为工会与自己关系不大。例如，在发展最为迅速的互联网行业当中，工会入会率极低，局面迟迟无法打开。近年随着平台经济的快速兴起，一些人看到了在相关劳动者当中建立工会组织的希望。他们认为，平台对从业者的约束较为松散，工会完全可以乘虚而入，动员从业者特别是收入和待遇水平不高的少数族裔从业者入会。然而，实践表明，即使在资方抵制大不如前的状况下，工会的扩张仍然受到了严重的挫折。这再显然不过地宣告了美国工会的彻底衰落。

在工人运动退潮的大势之中，通用汽车公司的罢工者能够逆势取胜，不能不让人印象深刻。人们不禁会问，为什么这次罢工能够取得胜利？这种胜利的取得为何又显得如此平常、波澜不惊？看似矛盾的现象背后，隐藏着美国工人运动的真实逻辑。本章认为，通用汽车公司罢工事件的种种表现，在一定程度上都可归因于美国劳动法对于工人运动的双重定性：一方面，工人运动能够促进劳资和平，进而维护根本制度，法律因此对其加以支持和保障；另一方面，工人运动也能够打破劳资和平的局面，甚至威胁到制度本身，法律因此对工人运动加以限制。既保障又限制的法律政策，决定了罢工既能发起并取得成果，又不会激烈化和政治化。换言之，法律将工人运动接纳为日常政治的一部分，又阻断了运动超越日常政治的途径。追溯历史，这种法律政策由来有自。

二、归因：美国劳动法的工人运动观

与西欧老牌工业强国相比，美国的资本主义制度相当晚熟，工人运动出现比较迟，甚至晚于两党制的成形，这直接切断了工人自行组建大党（工党）的道路。由于广袤的西部的存在，新大陆的工人在打工谋生之外，长期拥有另一种选择：到西部去做自耕农或小业主，甚至开矿致富。优越的地理条件和丰富的自然资源，也使得美国工人的生活水平长期高于欧洲。在多重因素的作用之下，美国工人运动从未像欧洲那样兴盛，没有真正威胁到国家的根本制度。但是这并不意味着美国的治国精英对工人运动丧失了警惕。相反，从 19 世纪后期开始，工人运动就一直被放在关乎国本的重要地位上，国家对于工人运动的态度取决于对国本的理解。所谓国本，一言以蔽之，就是回答一个问题：美国依靠什么强大？答案可以是自由、民主或其他。如果工人运动可能动摇国本，法律政策就对工人运动采取敌视的态度；相反，如果工人运动可以支撑国本，就会获得法律政策的容忍乃至保护。在漫长的20世纪里，苏俄或苏联作为工人阶级领导的国家，为工人运动开辟了截然不同于美国的前景。苏联宛如一面镜子，迫使美国的统治精英一次次反思“为什么不走苏联道路”，反过来让美国看清了自己的国本所在。在各个历史时期，美国的经济和社会结构变迁、特别是与苏联的对比，塑造了美国人对于国本的认知，并进而决定了法律政策对于工人运动的态度——这就是美国劳动法发展的历史逻辑。

（一）个人自由至上的出现

在美国建国后的头一个世纪，机器化大工业远未成为生产的主流，工人运动基本处于零星开展的状态，其政治前景尚不明朗，谈不上影响国本。相应地，针对工人运动的法律政策还大致停留在各州层面，联邦的介入还非常罕见。19世纪后期，混沌逐渐消去。经过了内战之后的重建，美国迎来了工业化亢进的“镀金时代”。19世纪末20世纪初，美国的国内生产总值和工业产值均跃居世界第一。短短30年前，美国还是个偏处文明世界一隅的、深陷在内战和分裂当中的国家；那么，美国如何能在这样短的时间之内，取得如此巨大的成就？美国依靠什么强大？这就提出了国本问题。另一方面，所谓“镀金”只是对于部分资本家而言，而广大劳动者的生活正如进步作家厄普顿·辛克莱

（Upton Sinclair）在《屠场》一书所描绘的那样困苦不堪。社会日益分裂成两大对立的阶级，劳资矛盾随之激化，工人运动风起云涌。俄国十月革命的胜利更展现了工人运动威胁乃至颠覆美国国本的可能性。美国为什么能够成功？美国道路为什么优于苏联道路？这是当时治国精英的核心追问。

主流的答案是：美国成功的奥义就在于支持个体间的自由竞争。这既是美国区别于旧大陆之处，也是美国与苏俄或苏联的根本不同。当时，达尔文的进化论颇为时兴，一些学者希望将其移植到社会领域。他们认为，"物竞天择，适者生存"，既是物种进化的法则，又是社会发展的动力之源。他们还认为，这种法则不应当、也无法为人类行动所干预，任何以政府力量阻止优胜劣汰的做法都是徒劳且有害的。后世将这种观点称为社会达尔文主义，它最早成型于赫伯特·斯宾塞（Herbert Spencer）的《社会静力学》一书，后来被耶鲁大学的威廉·萨姆纳（William Sumner）加以本土化。社会达尔文主义者鼓吹，哪怕有人在竞争中处于劣势、遭到淘汰，都不应当向他伸出援手。如此冷血的观点自然遭到了反对。大法官小奥利弗·温德尔·霍姆斯（Oliver Wendell Holmes，Jr.）就曾不留情面地指出，"宪法第十四修正案并不实施赫伯特·斯宾塞先生的社会静力学"。然而，从 19 世纪后期到 20 世纪前 30 年，这种观点主导了美国治国精英对于国本的认识。这是个体自由至上的时代。

根据个体自由至上的观点，劳动者个人与资方展开自由竞争和博弈，而工会无疑是个闯入者，它不仅侵犯了资方的自由，而且干扰了劳动者通过个人奋斗获得成功。乍一看，劳动者排斥工会的帮助显得难以理喻，其实自有其原因：劳动者可能不信任工会来代表自己，而是认为工会更在乎自身组织或者干部的利益，或者担心工会为了迁就比自己强的劳动者而牺牲自己，抑或担心工会为了照顾比自己差的劳动者而拖累自己，等等。总之，工会干涉了个体自由，损害了美国的国本，因此应当受到法律政策的打击。美国劳动法采取了一系列对工人运动极不友好的措施。例如，将工会组织当作垄断组织，运用反托拉斯法加以限制；又如，三大政府分支分工合作，由法院根据立法接受行政机关的申请，下发禁制令来约束罢工，并将拒绝服从命令的工运领袖投入监狱。这是联邦层面介入工人运动的起始，也是美国劳动法大发展的开端。

（二）个人自由至上的修正

1929 年爆发并席卷全球的经济大危机，以及随之而来的大萧条，改变了美国人对于国本的看法，翻开了劳动法的新篇章。大危机和大萧条将美国人从经济繁荣的盲目自信中点醒。朝野上下最关心的问题是：美国靠什么再次强大？如何尽快走出危机和萧条？与一片哀鸣的资本主义世界相比，社会主义的苏联由于遭到排斥，没有受到萧条的波及，反而凯歌高奏，在短时间内初步实现了工业化，回到了头等强国之列。那么，美国为什么不走苏联的道路来摆脱危机呢？在当时的美国，理解、同情甚至鼓吹苏联道路的人不在少数。国本问题变换了形式，重新摆在了治国精英面前。以 1932 年的《诺里斯—拉瓜迪亚法》为起点，到 1959 年的《兰德鲁姆—格里芬法》为止，美国对国本问题加以反思，先后以集体自由和过程民主补充个体自由，形成了主辅结合的国本理念。

首先是集体自由。劳动者个人与资方表面上可以自由竞争，实际上由于双方力量对比悬殊，劳动者的自由是极其脆弱乃至虚伪的。真正的自由只存在于势均力敌的双方之间，而正如霍姆斯大法官所指出的，既然资本已经联合起来结成了企业，为什么不允许劳动者联合起来结成工会呢？唯有将自由从个体层面提升到集体层面，才能够实现自由竞争，而国家在确保了竞争是自由的以后，就不应当再介入竞争本身。这种观点源自所谓进步主义运动。进步主义与社会达尔文主义都是达尔文思想在社会领域的反映，它们都认为社会是进步的、发展的，也都承认竞争对于进步的重要性；不同的是，进步主义认为国家可以并且应当对竞争加以干预，从而将进化引向可欲的方向。它既区别于苏俄或苏联的、由国家深度干预甚至取消劳资竞争的模式，又不同于自由放任的做法。后世将这种有限干预的思路称为“集体自由放任”。为了实现集体自由，1932 年的《诺里斯—拉瓜迪亚法》取消了对于工人运动的诸多法律限制，允许工人自由结社，也允许工会与资方展开罢工等形式的斗争。

之后是过程民主。民主是自由之外的另一项核心价值，但它与劳资关系长期无缘。从传统上讲，民主总是被局限在政治领域；甚至在资本主义制度之下，政治领域的民主恰恰是为了确保经济领域的不民主。在包括劳资关系在内的经济生活之中，做主的应当是资本家，而不应当是员工；应当实行“资主”，而非民主。20 世纪初，这种观点遭到了进步主义思想家的批评。后来曾经担任最高法院大法官的路易斯·布兰代斯（Louis Brandeis）就指出，如果一个人在工作中遭受奴役，就很难指望他在政治生活中能够成为国家的主人。民主是一种能力，能力需要训练，而训练的最佳场所就是职场。布兰代斯和制度经济学大师约翰·康芒斯（John Commons）等人都曾设想过在职场实行民主的方案，他们使得职场民主在美国不再是天方夜谭。

职场民主的实现还有一个重要障碍，那就是怎样使民主的含义突破票决制。第二次世界大战以后，以约瑟夫·熊彼特（Joseph Schumpeter）为代表的民主理论家几乎将投票选举与民主说成同义语。而布尔什维克夺权并非没有使用选举手段，纳粹也是在民众投票支持下上台的，可见有无票决并非美式民主与苏俄或苏联及纳粹德国的根本差异。那么，美国民主到底有何特殊性？政治学家们的回答是：除了票决民主之外，美国还拥有一种叫作过程民主的特殊民主形式。过程民主的假设是：劳资双方只要遵循一定的谈判规则，就一定可以谈出双赢的结果；将谈判结果付诸实施，就可以实现劳资和平。这一假设显然非常乐观，这和第二次世界大战以后美国经济的繁荣和劳资矛盾的缓和有关。既然谈判前景看好，国家需要做的就是确保双方可以谈起来，任何一方都不能有退出谈判或导致谈判破裂的举措。只要把程序设定好、维护好，好的实体结果就会自然产生出来，这就是过程民主聚焦于过程而非实体和结果的原因所在。

因为过程民主让劳方分享了一部分管理权，打破了资方在职场中的专制，所以它是一种民主制度；因为过程民主确保了劳资二元格局不至崩塌，任何一方都不会将对方吞掉，所以它是一种多元主义的制度；又因为过程民主发生在职场之内，所以它是一种工业关系（industrial relationship）的制度。职是之故，后世将过程民主称作工业多元主义（industrial pluralism）。美国的治国精英相信，工业多元主义是美国区别于苏俄或苏联及纳粹德国的根本点之一。根据工业多元主义的观点，工人运动一方面应当获得保障，特别是工会建立组织、举行斗争的权利应当获得承认；另一方面也应当受到限制，以防运动超出“以谈判求双赢”的架构，威胁到民主本身。在这一思想指导下，美国先后制定了著名的集体劳动“三法”，即 1935 年的《华格纳法》、1947 年的《塔夫脱—哈特利法》和 1959 年的《兰德鲁姆—格里芬法》。它们构成了当代美国劳动法的基本框架。

（三）个人自由至上的重现

劳动法的大发展至此结束。此后60年间，劳动法的基本框架保持稳定，而美国的社会经济状况发生了翻天覆地的变化。对于美国人来说，20世纪60年代和70年代的记忆恐怕并不美好。20世纪60年代初，美国人享受完了战后的繁荣，突然惊奇地发现国内还有众多人口挣扎在贫困线上。林登·约翰逊（Lyndon Johnson）一方面提出“伟大社会”计划加以应对，另一方面却将美国拖入了越南战争的泥潭。到了20世纪70年代初，理查德·尼克松（Richard Nixon）不得不实行收缩政策，从越南撤兵，与中国和解，而经济却陷入了滞胀的困境。与此同时，苏联在国际事务中咄咄逼人，国力与美国的差距有所缩小。美国人不得不再次面对国本问题：美国要靠什么再次强大？如何打赢冷战、击败苏联？以罗纳德·里根（Ronald Reagan）为代表的保守派的答案是：美国应当返回初心，重申个人自由至上的价值理念。以此为契机，所谓新自由主义的经济和社会政策粉墨登场。20世纪90年代初，苏联解体，冷战落幕，美国人直观地将胜利归因于理念，并由此对个人自由更加坚信不疑。虽然过程民主思想并未完全湮灭，但其相对于个人自由的地位有所下降则是不争的事实。冷战结束以来，尽管民主党又有比尔·克林顿（Bill Clinton）和贝拉克·奥巴马（Barack Obama）两任总统上台，劳动法改革的动议也曾获得认真考虑，但是改革并未付诸实施。相反，最高法院逐渐被保守派占据，司法机关再次成为向工人运动发难的中心。大法官们以保护雇主的财产权为由，不断蚕食劳工的言论自由。许多州的政府一改保护工人结社权的传统，转而立法支持所谓“（不被工会代表也能）工作的权利”（right to work）。

三、展望：劳动法与美国工人运动的未来

（一）“左右夹攻”

从历史观望未来，劳动法和美国工人运动的前景不容乐观，一个保守派和自由派对工人运动“左右夹攻”的局面正在形成。过去，工人运动的威胁主要来自保守派，而在特朗普任命了三位保守派大法官之后，最高法院已然成为保守派的堡垒。考虑大法官没有退休年龄限制，保守派对最高法院的统治可能还将维持一代人甚至更长的时间。大法官们完全可以挥舞合宪性审查的大棒，将集体劳动“三法”的框架击得粉碎，彻底摒弃工业多元主义对于个人自由至上的法律限制。由于“三权分立”的宪制架构，自由派即使夺回了对于立法和行政分支的控制权，也几乎没有能力阻止保守派的大法官。唯一能够起到阻止作用的或许是审慎的司法态度。万幸的是，近年在一系列涉及社会敏感话题的案件中，最高法院即使放胆介入，仍然试图回避就根本原则问题表态，仅就操作层面的技术问题作出判决。这意味着，最高法院采取渐进主义方式蚕食劳动立法和破坏工人运动，将是一个长期的现象。

除了面对保守派的攻击之外，劳动法和工人运动又腹背受敌，不得不面对越来越激进的自由派，这在民主党此次党内初选当中表现得尤为明显。在2015年的党内初选中，伯尼·桑德斯（Bernie Sanders）因其颇具社会主义色彩的政见而异军突起，饱受争议，险些打断希拉里·克林顿（Hillary Clinton）的胜出之路。时隔四年，桑德斯再次出马，却发现自己的政见已经远谈不上激进。包括伊丽莎白·沃伦（Elizabeth Warren）及杨安泽（Andrew Yang）在内的候选人不断抛出几年前还令人匪夷所思的主张，比如，国家负担全民医保，分拆巨型互联网企业，甚至由政府按月向18岁至64岁的全体国民每人支付1000美元“全民基本收入”。这些主张的共同特点是将改善民生的希望寄托在政府身上，而不再对工会抱有期待。虽然这些主张获得实施的可能性微乎其微，但是它们反映了工人运动在政治议程上不断被边缘化的严酷现实。对于工人运动来说，被搁置、被遗忘甚至比被敌视、被打击更为致命。

（二）美国梦碎

工人运动和劳动法被自由派边缘化，也预示着蓝领阶层美国梦的渐行渐远。美国梦就是成为中产阶级的梦想。对于白领阶层而言，实现这个梦想虽然吃力，但从未丧失希望；而蓝领阶层本来与中产梦无缘，是第二次世界大战以后的经济繁荣点燃了他们的希望。那时，在大厂做工的普通工人哪怕没有上过大学、缺乏专业技能，都可以用一人的工资养活妻儿，拥有住房和汽车，过上体面的生活。众所周知，标准的美国梦是要靠个人奋斗来实现的；而从20世纪60年代开始，蓝领阶层逐渐发现仅靠个人奋斗是不够的。“一个好汉三个帮”，个人奋斗和个人自由的价值还要靠三种其他价值来辅助：一是靠民主，由工会伸出援手，代表蓝领工人向雇主争取利益；二是靠福利，由国家伸出援手，为蓝领工人提供各种物质补贴；三是靠平等，由社群伸出援手，通过提高黑人、妇女等弱势社群的整体地位来避免社群成员个体受到歧视。

半个世纪以来，在“以一带三”的价值结构支撑下，蓝领阶层勉强维持着自己的美国梦。而今，个人奋斗的力量在社会大潮中愈发不值一提；三个帮手之中，工会靠不住了，反歧视的法律也并没有带来社群状况的明显改善，甚至某些社群向下沉沦的速度都没有明显放缓。走投无路之下，只能把实现美国梦的最后希望寄托到政府身上。这可能正是自由派疏远工人运动的心理基础。不难想象，保守派将以多么猛烈的炮火阻击任何“大政府”的方案；而就在政治的硝烟中，蓝领阶层的中产梦、美国梦将愈加模糊，乃至遥不可及。可悲又可叹的是，美国工人运动和劳动法甚至等不到这场决战，就已经退出了战斗的前线。

（三）另觅新途?

劳动法和工人运动既遭到保守派敌视，又受到自由派排挤；

既无法兑现蓝领阶层的美国梦，又不招白领阶层待见。如此看来，岂不走上了绝路？为了避免这种命运，工会作出过五花八门的尝试，而其中唯一似乎存有一线希望的，便是将劳动法和工人运动与其他法律和社会运动结合起来。从历史上看，美国工人运动曾经占据过社会舞台的中心，而当民权运动在 20 世纪中叶兴起时，工人运动并没有和民权运动走到一起。这既是因为工人运动传统上由白人主导并歧视黑人，也是因为两大运动的价值追求难以调和：工人运动的传统思路是让会员（运动的参与者）获得比非会员更好的待遇，强调不平等，唯有如此方能吸引更多工人入会，壮大工会力量，进而为会员寻求更好的待遇，形成正向循环；而民权运动的思路是强调平等，运动的果实由弱势群体（黑人、女性等）的全体成员共享。工人运动与民权运动失之交臂，被认为是工人运动衰落的重要原因。

有历史教训在前，当代美国工人运动改变了“门罗主义”的做法，积极寻求与其他社会运动联手的机会。它们的重要合作对象是企业社会责任运动及国际人权运动。一方面，工会向总部设在美国的跨国企业施压，要求其严格督察外国、特别是发展中国家供应商遵守劳工保护规定的情况，将这种督察行为界定成跨国企业社会责任的重要组成部分。这样做固然可能改善外国劳工的处境，但主要效果则是推高外国供应商的用工成本，相应抬升跨国企业的采购成本，促使其将供应链撤回本国，为本国工人创造更多就业机会。另一方面，工会向美国政府施压，要求政府将贸易与人权挂钩，以外国政府给予劳工某些权利作为与该国公平贸易的条件。这样做当然也可能有利于外国劳工，但主要效果是提高外国企业的用工成本，降低其竞争力，使得美国本土的产业得以存活、就业得以保全。可见，工会与其他社会运动联手的做法，本质上是将国内矛盾外移，通过抬高外国用工成本来保障本国劳工的利益，从而提高自身的吸引力。在法律层面，这种做法将使得劳动法与国际经济法，特别是国际贸易法发生广泛的交融。这条路是否走得通？美国工人运动和劳动法能否借此“续命”？读者不妨拭目以待。

下　编
场景与节点

第七章 平台用工规制的历史逻辑

平台用工的规制是我国劳动法上的难题。[1] 劳动法能否适用于平台用工，取决于平台与劳动者之间是否构成劳动关系，而劳动关系认定的核心标准则是所谓从属性。[2] 所以，“平台用工是否构成劳动关系”的问题，争议焦点在于如何用从属性标准来衡量平台用工。对此，学界产生了肯定说、否定说和分类讨论说，分类讨论说又包括所谓“二分法”和“三分法”等。[3] 平台用工规制的各种具体分歧，都可以上溯到这场根本争论。那

---

〔1〕“‘平台用工’本身并非是一个规范的法律概念，其通常用以表述劳务提供者基于互联网平台提供特定内容的劳务活动。”王天玉：《互联网平台用工的“类雇员”解释路径及其规范体系》，载《环球法律评论》2020 年第 3 期。本章所讨论的平台用工，主要以平台企业与网约配送员之间的用工关系为样本。

〔2〕关于从属性理论的内容，参见肖竹：《劳动关系从属性认定标准的理论解释与体系构成》，载《法学》2021 年第 2 期。

〔3〕肯定说参见常凯、郑小静：《雇佣关系还是合作关系？——互联网经济中用工关系性质辨析》，载《中国人民大学学报》2019 年第 2 期。否定说是一些平台企业的看法，参见本章第三部分。“二分法”参见南京市人社局等部门于 2021 年 4 月出台的《关于规范新就业形态下餐饮网约配送员劳动用工的指导意见（试行）》（宁人社规〔2021〕4 号）。“三分法”参见王天玉：《超越“劳动二分法”：平台用工法律调整的基本立场》，载《中国劳动关系学院学报》2020 年第 4 期。

么，争论何以产生，又如何解决？本章尝试从历史的角度加以分析，给出层层递进的三项初步结论：其一，平台用工的定性之所以会发生争议，是因为从属性理论预设了所谓“正相关”前提和“二分法”前提，而平台用工的理论和实践不同程度地否认了这两项前提，突破了从属性理论；其二，类似的突破在我国劳动法的当代发展过程中都曾经发生，相应形成了包括否定、拟制、克减和不问劳动关系在内的历史经验；其三，针对平台用工的难题，大部分历史经验都已经运用到理论和实践之中，而未来的应对方案要直面历史经验的局限，对突破从属性理论作出限制，长远来看还要对从属性理论的存废作出抉择。

一、理论基础：根据从属性理论界定劳动关系

（一）从属性理论的缘起

从属性理论是探讨平台用工规制问题的理论基础。它是学理观点获得法律接纳的典范。这一接纳过程始自劳动关系认定标准的变化。1995 年实施的《劳动法》将订立劳动合同规定为劳动关系成立的关键标准[1]，而实践中却存在大量未签合同的用工现象。这些现象被称作“事实劳动关系”，其中的劳动者不仅与劳动关系下的劳动者一样处于相对弱势地位，而且由于缺乏劳动

---

〔1〕《劳动法》（1995 年）第 16 条规定：“劳动合同是劳动者与用人单位确立劳动关系、明确双方权利和义务的协议。建立劳动关系应当订立劳动合同。”

合同的保护，其弱势地位更加突出，获得劳动法保护的需求也更加强烈。[1] 为了回应这种需求，原劳动部在《关于贯彻执行〈中华人民共和国劳动法〉若干问题的意见》第 2 条规定：“中国境内的企业、个体经济组织与劳动者之间，只要形成劳动关系，即劳动者事实上已成为企业、个体经济组织的成员，并为其提供有偿劳动，适用劳动法。”这就在实质上修改了《劳动法》，以成员地位和有偿劳动取代劳动合同，作为认定劳动关系的标准，但是对于何谓成员地位缺乏说明。2005 年，原劳动和社会保障部出台《关于确立劳动关系有关事项的通知》，在保留有偿劳动要件的基础上，将成员地位要件的含义解释为“用人单位依法制定的各项劳动规章制度适用于劳动者，劳动者受用人单位的劳动管理”，但是这一解释仍然较为模糊。2008 年施行的《劳动合同法》为行政部门否定劳动合同标准的做法背书[2]，但是并未对成员地位要件作任何解读。

正是为了澄清成员地位要件的含义、进而准确定义劳动关系，学界引入了大陆法系劳动法上的从属性理论，在事实上将“成员地位”与“从属性”等同起来。根据目前可查的材料，这一理论最初于 2003 年取自日本法，次年得到较为全面的引介，

---

〔1〕 关于事实劳动关系，参见王飞：《事实劳动关系之探究》，载《法律适用》1999 年第 2 期。

〔2〕 参见《劳动合同法》（2008 年）第 7 条、第 10 条。

2005年即获得了学界普遍接受。[1] 也是从2003年起，中国知网所收录的、提到劳动关系从属性的文献达到了两位数，此后一路攀升，至2009年突破100篇，2020年更增长到335篇之多。[2] 不难推测，从属性理论进入我国劳动法学主流话语的过程，与外国法的引进密不可分。近年来，随着旅欧学人归国的增多，德国、意大利等国的从属性理论也获得译介。[3] 到了2017年，权威教材《劳动与社会保障法学》宣布“从属性是劳动法调整的劳动关系的本质性特征”[4]，标志着从属性理论成为学界通说。[5]

引人注目的是，从属性理论的实务引介与学术引介几乎同步发生。虽然全面的证据不易收集，但是早在2005年，北京和江苏省的法官就在实务会议上肯定了从属性理论；[6] 到了2009年，江西某中级法院已经能够像大陆法系国家那样，将从属性区

---

〔1〕 徐妍：《事实劳动关系基本问题探析》，载《当代法学》2003年第3期。常凯：《论个别劳动关系的法律特征——兼及劳动关系法律调整的趋向》，载《中国劳动》2004年第4期。汪敏、黄昆：《全国劳动法与社会保障法学年会综述》，载《华东政法学院学报》2005年第5期。

〔2〕 在中国知网（www.cnki.net）执行如下检索任务：“文献总数：2505篇；检索条件：[（全文=‘劳动关系/NEAR 20 从属’）OR（全文=‘劳动关系/NEAR 20 从属性’）]；检索范围：总库”。正文所引用的数据来自检索结果中的“总体趋势分析”之“发表年度趋势”。

〔3〕 德国从属性理论参见王倩：《德国法中劳动关系的认定》，载《暨南学报（哲学社会科学版）》2017年第6期；意大利从属性理论参见粟瑜：《劳动关系从属性理论研究》，湖南大学2016年法学博士论文。

〔4〕《劳动与社会保障法学》编写组：《劳动与社会保障法学》，高等教育出版社2017年版。

〔5〕 同年，国内版本最多的劳动法教材也首次写入了从属性理论。王全兴：《劳动法》（第四版），法律出版社2017年版。

〔6〕 林嘉、丁广宇、夏先鹏：《和谐社会目标下劳动法的实践与发展——全国部分城市劳动争议审判实务研讨会综述》，载《人民司法》2005年第7期。

分为身份、组织和经济三个方面。[1] 近年来，从属性理论更进入人力资源社会保障部和最高人民法院联合发布的劳动人事争议典型案例[2]，以及各地法院公布的典型案件，成为判断劳动关系是否成立的"金标准"。从属性理论"西学东渐"和"缘理入法"的工程已经初步告竣。

（二）从属性理论的功能

从属性理论之所以能够获得学界和实务界的普遍接受，是因为它发挥了释法和控权这两项重要的功能。从属性理论的基本功能是解释法律，将劳动关系的成员地位要件加以具体化，为行政和司法机关认定劳动关系提供较为明确而可操作的标准。例如，有学者将从属性区分为人格、经济和组织三个方面，每个方面又析分为若干要件，每个要件均可与用工的事实要素逐一耦合。[3] 又如，日本法上将从属性拆解为一系列要素，包括对工作指示是否有权拒绝、工作中有无指挥监督、工作地点和时间有无约束等。[4] 这些要素显然比所谓"组织成员"或"劳动管理"的概念更加易懂。

从属性理论的引申功能是控制权力，为行政和司法机关的劳

〔1〕 黄永山等与梅州新顺医药有限公司买卖合同纠纷上诉案，江西省赣州市中级人民法院民事判决书（2009）赣中民二终字第53号。

〔2〕 例如，人力资源社会保障部、最高人民法院《关于联合发布第一批劳动人事争议典型案例的通知》（人社部函〔2020〕62号）案例1、案例3。

〔3〕 肖竹：《劳动关系从属性认定标准的理论解释与体系构成》，载《法学》2021年第2期。

〔4〕 田思路：《工业4.0时代的从属劳动论》，载《法学评论》2019年第1期。

动关系认定权划定清晰的界限，防止权力的滥用。它努力将劳动关系的认定标准形式化、固定化，减少行政和司法裁量的空间，从而增加法律的稳定性和可预测性。正如法律经济学家圭多·卡拉布雷西所言，法律形式主义能够保守法律所固有的价值；当法西斯统治他的母国意大利时，法官们正是用形式主义的盾牌抵挡了法西斯对于民主的侵夺。[1] 这一论断在从属性理论上同样应验。特别是考虑到我国劳动法上广泛存在的地区差异甚至“联邦制”的现状[2]，通过从属性理论来统一劳动关系的判断标准显然是一个颇有吸引力的设想。

（三）从属性理论的前设

任何理论都会预设一些前提，前提的消解将导致理论的失效，从属性理论也不例外。我国从属性理论具有两方面的前设。其中，“正相关”前设是指如下判断：从属性越强，法律对劳动者的保护力度就应当越大，反之亦然，也即从属性与法律保护力度之间呈正相关的关系。从属性可以分解为若干要素，其强弱既取决于用工关系所耦合的要素的数量，又取决于耦合的精确程度；而法律的保护同样可以划分为诸多方面，其力度既取决于所保护的方面的数量，又取决于每一方面保护的周延程度。

---

〔1〕 Guido Calabresi, *An Introduction to Legal Thought: Four Approaches to Law and to the Allocation of Body Parts*, Stanford Law Review, Vol. 55: 2113 (2003).

〔2〕 参见程金华、柯振兴：《中国法律权力的联邦制实践——以劳动合同法领域为例》，载《法学家》2018 年第 1 期。

这一前设的依据在于，劳动法的目的是实现劳资双方的实质平等，从属性越强意味着不平等越严重，需要法律介入的程度也就越深。

从属性理论的“二分法”前设是：从属性的强度分为强弱两档，分别对应劳动关系和劳务（民事）关系。这就是劳动法上饱受批评的、所谓“全有或全无”的保护模式：要么认定劳动关系并提供全套保护，要么认定劳务关系并拒绝一切保护。从属性的强度是一个连续的光谱，而从属性理论认定可以在光谱上找到划分劳动法与民法的清晰界限。究其原因，边界的模糊会破坏形式的周延，不但会降低从属性理论释法的清晰度，而且会令行政和司法的裁量乘虚而入，损害控权功能。功能的发挥攸关从属性理论的正当性，这是该理论建立事实前设的原因所在。

二、历史经验：根据政策需要突破从属性理论

（一）对“正相关”前设的突破

我国从属性理论的两个前设都遭遇过挑战，而法律应对的方式则突破了从属性理论本身。第一波挑战指向“正相关”前设，来源是原劳动部《关于贯彻执行〈中华人民共和国劳动法〉若干问题的意见》。根据该文件，公务员（以及现役军人）不适用劳动法，他们与政府之间不存在劳动关系（第 4 条）。然而，公务员在从属性上至少不弱于企业劳动者，为什么后者反而属于劳

动关系、受到劳动法保护（第2条）？该文件还规定，下岗人员（即富余人员和放长假的职工）要与原单位签订劳动合同，与单位之间存在劳动关系（第6条）。然而，下岗人员除了在经济上对原单位存在一定的依赖和从属关系以外，几乎不存在人格和组织上的从属，为什么能够获得劳动法的保护？显然，法律对于公务员和下岗人员的定性违背了“正相关”的前设，这是从属性理论所无法解释的。

法律突破从属性理论的内在动因是政策考量。对于公务员而言，之所以从属性强而保护力度较弱，是因为公务员的工作性质不同于企业职员，其履职状况与公共利益关系密切。从公共利益优先的政策出发，如果公职的履行与公务员的保护之间发生冲突，法律往往要求公务员舍小顾大，禁止公务员以劳动保护作为拒不履职的“挡箭牌”，从而形成了类似于大陆法系“特别权力关系”的格局。[1] 对于下岗职工而言，之所以从属性弱而保护力度较强，是为了鼓励其再就业。下岗职工多面临技能单一、年龄偏大、家庭负担沉重等困难，再就业本属不易；如果割断其与原单位的关系，一旦再就业失败就没有退路，更会加重其畏难情绪。从扩大再就业的政策出发，法律保留下岗职工与原单位的劳动关系，下岗之后即使再就业受挫，仍可以从原单位取得基本生

〔1〕 关于特别权力关系，参见王春业：《从特别权力关系到劳动关系——行政公务员全员聘任制改革的理论证成》，载《学术论坛》2013年第6期。

活费，并在原单位参加社会保险。

法律对从属性理论的突破可谓有得有失。从“得”的方面来看，法律成功包容了公共利益优先和扩大再就业两项政策考量，不仅为政策的实现提供了保障，而且提升了法律的地位，使得法律成为推行政策的关键工具。从“失”的方面来看，从属性理论对法律的解释力受到削弱，其对行政和司法裁量权的控制力度相应减低——本轮突破正是由行政机关完成的。至于得失之间的成本—收益分析则颇为困难，这或许也是学界长期存在争论的原因。

（二）对“二分法”前设的突破

对于从属性理论的第二波挑战指向“二分法”前设。该前设认为，各种用工形式无论相互差异多大，只要其从属性强度达不到成立劳动关系的阈值，法律就应当忽略这种差异，给予它们相同的、民法上的保护。然而，职业学校学生在实习时，其与实习单位之间关系的从属性虽未达到劳动关系的强度（部分原因是学校承担了一些管理职责），却获得了超出民法的、相当于“缩水版”劳动法的保护，将“二分法”变成了“三分法”。[1] 另一方面，建筑工地的农民工与建筑企业之间关系的从属性有的达

〔1〕《职业学校学生实习管理规定》比照劳动法，要求实习单位订立书面实习协议、遵守工时和休假规则，禁止实习单位使用童工和安排实习生从事禁忌劳动，所提供的报酬不得低于同岗位员工的80%。

到了劳动关系的强度（如建筑企业自行聘用的农民工），有的则达不到（如建筑企业通过包工头管理的农民工），而法律却不作区分，统一保障他们获得工资支付的权利，将“二分法”变成了“不分法”。[1] 法律对于职校实习生和农民工的保护违背了“二分法”的前设，这是从属性理论所无法解释的。

与对“正相关”前设的挑战类似，法律突破“二分法”前设的内在动因也是政策考量。对于职校实习生而言，之所以在劳动法和民法的保护之间创设“准劳动法保护”，是因为这一群体处于比劳务关系下的劳动者更为弱势的地位，囿于学生身份而缺乏与用工单位议价的机会，也很少有议价所需的社会经验；同时，职校学生大多未成年，其身心发育尚未完成，处于特别脆弱的地位，这都构成法律加大保护力度的政策理由。对于农民工而言，之所以不对劳动关系下和劳务关系下的农民工区别对待，是因为建筑业存在大量层层转包和包工头用工的现象，导致实践中认定劳动关系颇为繁琐耗时，这成了阻碍农民工维权的重要因素；采用“不分法”可以绕开这个障碍，符合保障农民工工资支付的政策目标。

法律为政策目的而突破从属性理论的经验归纳为下表：

---

〔1〕 根据《保障农民工工资支付条例》第2条，劳动者只要具有农民工身份，即可获得该条例保护，无须考虑劳动关系是否存在。参见赵大程、张义全主编：《保障农民工工资支付条例释义》，中国民主法制出版社2020年版。

突破对象	涉及群体	突破方式
“正相关”的前设	公务员	否定劳动关系：从属性不弱于劳动关系，但是保护强度低于劳动法
	下岗人员	拟制劳动关系：从属性弱于劳动关系，但是提供劳动法的保护
“二分法”的前设	职校实习生	克减劳动关系：从属性弱于劳动关系，但是提供介于劳动法和民法之间的保护
	农民工	不问劳动关系：从属性程度各异，但是提供统一标准的保护

三、现实问题：根据历史经验为平台用工定性

（一）突破从属性理论的表现

与公务员、下岗人员、职校实习生和农民工相比，平台用工挑战从属性理论的特点在于复合性，即同时挑战“正相关”和“二分法”两个前设，而全部四种突破从属性理论的方式也都在学术和实践中出现。从属性理论遭遇的压力之大可谓前所未有。

应当指出，学术和实践上一直都有不突破从属性理论而解决平台用工问题的尝试。具体做法有三种：一是论证平台用工符合从属性的各项要件，是劳动关系。尤为值得一提的是，学者正确指出，法律对从属性存续的最短时长并无要求；网约配送员完成一单业务的时间虽然短暂，但是只要服从平台管理，就可能构成

从属关系。[1] 照此说来，即使偶然接单的众包骑手都可能纳入劳动关系的范畴。这种观点面临的主要困难是：平台对劳动者的管理毕竟较传统的工厂管理要松散，网约配送员在是否上线接单、配送路线选择等方面享有相当的自主权，其从属性的强度很难达到劳动关系的要求。二是论证平台用工不符合从属性的某些要件，不是劳动关系。这种论证本身并不困难，只须任择平台管理比工厂管理松散的若干要素即可。困难在于，如果平台用工不是劳动关系，网约配送员是否就只配得到民法的保护？这个问题超出了从属性理论，而属于政策判断。三是对平台用工分类讨论，将其中符合从属性理论的归入劳动关系，其他归入劳务关系。南京市人社局等部门于 2021 年 4 月出台的《关于规范新就业形态下餐饮网约配送员劳动用工的指导意见（试行）》即照此办理，该文件大致将“专送骑手”归入劳动关系，而将“众包骑手”归入劳务关系。这种做法看似周到，实则集合了前两种做法的难处。总之，在不突破从属性理论的前提下，想要对平台用工作出恰当的定性是很难实现的。

既然突破从属性理论在所难免，下一步就要选择突破的方式。政商学各界出于不同的考量，全面运用历史经验，将四种突

---

〔1〕 此观点取自两位曾经参加《劳动法》起草工作的学者黎建飞、郑尚元在北京大学“平台、算法与劳工保护：数字治理下的劳动秩序”跨学科专题研讨会（2021 年 6 月 19 日）上的发言，未经发言者审定。

破方式逐一尝试：

——“否定劳动关系”的设想主要来自业界。其基本内容是：虽然平台与网约配送员之间关系的从属性可能达到了劳动关系的强度，但是出于促进新业态发展、扩大就业的经济和社会政策考量，应当否定劳动关系的存在，采取去规制的立场。其论证逻辑是：如果将平台与网约配送员之间的关系认定为劳动关系，那么平台就要承担劳动法上的一切义务，特别是缴纳各项社会保险费的义务；由于平台用工规模巨大，履行义务将造成高昂的经济成本，这对于盈利能力不强的平台企业来说是不能承受之重，必然迟滞平台经济这一新业态的发展；平台发展的减慢又会拖累用工规模的扩张，甚至造成裁员压力，向社会输出失业人员。这一论证能否成立的关键有二：在事实层面主要是经济核算问题，需要论证劳动法给平台企业带来的经济压力到底有多大；在政策层面主要是利益衡量问题，需要在保障劳动者生计、促进新业态发展和扩大就业这几项公共利益之间求得平衡。北京市二中院在2020年的一份判决〔1〕为接纳这种观点提供了可能。法院认为，“纳入劳动法保护的必要性”是确定从属性是否达到劳动关系的强度的一个必要方面。换言之，即使人格、经济和组织的从属程度都达标，如果在政策上认为没必要由劳动法来保护，仍然要否

〔1〕 唐瑞亭诉北京宜生健康科技有限公司劳动争议案，北京市第二中级人民法院民事判决书（2020）京02民终8125号。

定劳动关系的存在。

——“拟制劳动关系”的设想主要来自法院。其基本内容是：虽然平台与网约配送员之间关系的从属性可能达不到劳动关系的强度，但是出于保障劳动者生计的政策考量，应当拟制劳动关系的存在，采取强规制的立场。这一观点在2018年北京海淀法院判决的李相国案〔1〕中已经露出端倪。海淀法院首先试图论证网约配送员李相国与闪送平台（同城必应公司）之间关系的从属性达到了劳动关系的强度，但是遇到了相当的困难，其论证不无勉强之处。〔2〕很可能是为了补强说理，海淀法院另辟一节，论证“对李相国适用劳动法保护之必要性”，提出李相国需要工伤保险保障也是认定劳动关系的理由之一。法院暗示：即使本案中的从属性强度迈不过劳动关系的门槛，也应当考虑政策上的必要性而拟制劳动关系。

——“克减劳动关系”的设想主要来自学界。具体做法又分为“劳动法-”（即在劳动法保护的基础上减去若干）和“民法+”（即在民法保护的基础上增加若干）两种，实际效果则殊

〔1〕李相国诉北京同城必应科技有限公司劳动争议案，北京市海淀区人民法院民事判决书（2017）京0108民初53634号。对该案的分析参见阎天：《劳动关系概念：危机、坚守与重生》，载《中国法律评论》2018年第6期。

〔2〕例如，李相国有自主决定接单的权利，而法院主张其自主权要“从其整体工作来看”；李相国可以自主决定工作时间，而法院认为这种选择权“并无过宽”；李相国有权决定使用何种交通工具，而法院认为交通工具“并不是主要的生产资料”。法院的这些论证在从属性理论的通常版本中都不易找到依据。

途同归。例如，王天玉在劳动关系和劳务关系之间新辟“类雇员”关系，将平台用工归入其中，建立“劳动三分法”。他设想为类雇员提供的保护包括定价与报酬保障制度、连续在线时长控制制度、职业风险保障制度、纠纷申诉及救济制度等，基本是对劳动法上的劳动报酬、劳动时间、工伤和劳动争议解决等制度加以克减的产物。[1] 克减劳动法保护的依据是：类雇员具备经济从属性，但缺乏人格和组织从属性，“部分从属”就应当获得“部分保护”。

——“不问劳动关系”的设想主要来自政府。这集中反映在一些地方政府突破工伤保险参保以劳动关系为前提的规定，实现工伤保险或其他形式的职业伤害保障对网约配送员的全覆盖。例如，浙江金华提出“突破用工、年龄限制，将新业态从业人员全部纳入工伤保险和工伤补充保险参保覆盖范围。”[2] 又如，苏州市吴江区规定，“新经济、新业态下在吴江区灵活就业的人员参加吴江区灵活就业人员职业伤害保险”[3]，而不问其是否构成劳动关系。目前，针对网约配送员的职业伤害保障制度试点仍以

---

〔1〕 王天玉：《互联网平台用工的“类雇员”解释路径及其规范体系》，载《环球法律评论》2020年第3期。王天玉：《超越“劳动二分法”：平台用工法律调整的基本立场》，载《中国劳动关系学院学报》2020年第4期。

〔2〕《〈关于开展新业态从业人员职业伤害保障试点的指导意见〉政策解读》，载金华市人力资源和社会保障局网站2020年10月19日，http://rsj.jinhua.gov.cn/art/2020/10/19/art_1229164923_1645745.html。

〔3〕《吴江区灵活就业人员职业伤害保险办法（试行）》，载苏州市司法局网站2018年3月19日，http://sfj.suzhou.gov.cn/sfj/basc/201803/458e548ee52c479ab7091c7b3ab83e40.shtml。

“克减劳动关系”的思路为主，要求构成劳动关系的配送员参加工伤保险，其他配送员则参加新设立的职业伤害保障，其保障水平低于工伤保险；但是“不问劳动关系”的思路也已经落地，为突破从属性理论的方式提供了另一种选择。

（二）突破从属性理论的动因

法律在平台用工问题上对从属性理论的多角度、全方位突破，是复杂的政策考量的结果，这与历史经验完全一致。各种突破方案之间的差异，都是对政策目标作不同权衡和取舍的结果，而这也形成了各个方案在实现政策目标时的不同优势。

保护劳动者的生计既是宪法为劳动法设定的重要目标[1]，也是各种方案的共同追求。而劳动者的生计可以大致区分为就业和待遇两个方面。“否定劳动关系”的方案偏重保障劳动者的就业，因为新业态的发展可以提供更多就业机会；而其他三个方案均将重点放在劳动者待遇的保障上。从逻辑上讲，成功就业是提高待遇的前提，但是不能就此简单地认为就业保障应当优先于待遇保障。根据我国经济改革的经验，较为适宜的做法是：在经济下行时，以保就业为主，维系基本民生；而在经济上行时，以保待遇为主，提高生活质量。[2] 这也是业界在论证“否定劳动关系”方案时特别强调当前严峻经济形势的原因所在。

〔1〕 阎天：《重思中国劳动宪法的兴起》，载《中国法律评论》2019年第1期。
〔2〕 阎天：《供给侧结构性改革的劳动法内涵》，载《法学》2017年第2期。

三个注重保障劳动者待遇的方案也各有所长。待遇的保障既包括实体的方面，也包括程序的方面。后者主要是指便利维权，这也是“不问劳动关系”方案的着力点。如果法律偏重实体而非程序保障，那么“克减劳动关系”可以看作“取中”的方案，“拟制劳动关系”则是“就高”的方案。[1] 前者给企业带来的负担相对较小，更能够避免拖累经济和就业的后果，而后者对劳动者生计的保障显然更优。值得一提的是，即使是倡导“拟制劳动关系”的海淀法院，也谨慎地把这种拟制限制在个例层面，反对将之普遍推广到网约配送员群体之中，[2] 这无疑反映了司法机关的政策思考。

各方案背后的不同政策侧重可以归纳为下图：

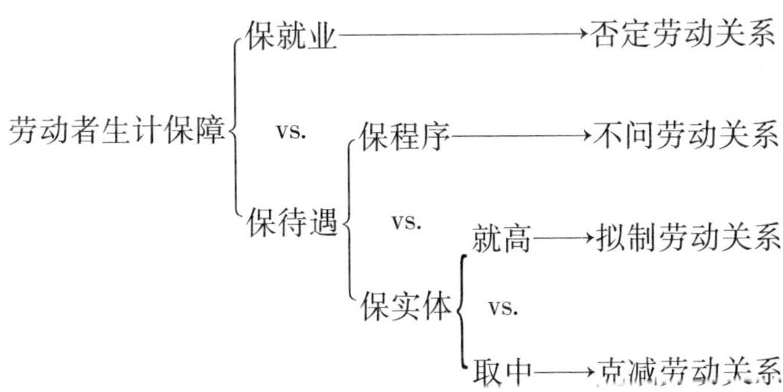

〔1〕“否定劳动关系”可以看作“就低”的方案。

〔2〕李相国诉北京同城必应科技有限公司劳动争议案，北京市海淀区人民法院民事判决书（2017）京0108民初53634号。对该案的分析参见阎天：《劳动关系概念：危机、坚守与重生》，载《中国法律评论》2018年第6期。

四、未来展望：根据制度功能划定突破的界限

在平台用工的规制中，何种突破从属性理论的方案将会胜出，取决于何种政策目标将会占据上风。对这一问题的预测超出了笔者的研究能力。可以确定的是，从属性理论的内容较为形式、机械，缺乏容纳不断变化的政策考量的能力。展望未来，法律为了服务于政策的实施，将会不可避免地继续突破从属性理论。然而如此一来，从属性理论的解释法律和控制权力的功能会遭到进一步削弱，而关于劳动关系认定的法律将变得更加模糊，行政和司法裁量的空间也会进一步扩大，权力滥用的风险随之上升。一方面要顺应突破从属性理论的客观趋势，另一方面要尽量发挥从属性理论的固有功能，二者之间的关系如何协调？这是未来在规制平台用工时必须考虑的问题。

本章的解决方案是：坚持以从属性理论为认定劳动关系的基本标尺，该理论的适用无须另行证明；而对这一理论的突破构成例外，必须在证明其正当性之后方可实施。判断突破是否正当，可以参考比例原则，考察突破是否服务于公共目标，突破的措施能否服务于该目标，突破是否选择了对于从属性理论破坏最小的手段，以及突破的所得是否大于所失。[1] 考虑到比例原则审查

〔1〕 鉴于得失权衡难度很大，应当将重点放在其他几项审查上。

的复杂性，特别是政策判断的难度，对从属性理论的突破不宜由基层法院作出[1]，也不宜由未经授权级别较低的政府和部门进行；最高人民法院和国务院有关部门是作出突破的合适主体。这也意味着，未来出台平台用工的定性规则，司法解释、部门规章和部门规范性文件是较好的载体。

总体而言，对从属性理论的突破呈现出不断增多的趋势。可以设想，当量变达到一定程度时，就会引出质变的前景：如果从属性理论被各种突破和例外所侵害，难以发挥固有的功能，那么还有没有必要保留这个理论？如果将制度单纯视作发挥一定功能的工具，而不是采取本质主义的立场，[2] 那么在设想的情形出现时当然应当摒弃从属性理论。鉴于从属性理论尚未写入立法，废除该理论仅需要行政和司法层面的作业，难度不会太大。不过，理论的存废并不单纯取决于功能，还要考虑制度惯性的因素。在美国，所谓“任意雇佣”（at-will employment）曾经是解雇法的默示规则（default rule），20 世纪 80 年代以来却被法律所设定的各种例外破坏得面目全非[3]，以致令人怀疑是否已经到了抛弃该法则的时刻。即使适用任意雇佣法则的场合已不占多

〔1〕 参见阎天：《劳动关系概念：危机、坚守与重生》，载《中国法律评论》2018 年第 6 期。
〔2〕 参见丁晓东：《平台革命、零工经济与劳动法的新思维》，载《环球法律评论》2018 年第 4 期。
〔3〕 参见杨浩楠：《美国雇佣自由规则发展进程剖析及其启示》，载张仁善主编：《南京大学法律评论》2016 年秋季卷，法律出版社 2017 年版。

数，但是该法则仍然适合作为思考解雇法的逻辑起点，一旦废除就意味着要彻底重建解雇法的思维模型。[1] 至少到目前为止，美国法律还不愿意刹住制度的惯性，承担重建的成本。观察任意雇佣规则的境遇，无疑有助于预测从属性理论的命运。

*　　*　　*

综合全文所述，我国法律在认定用工的性质时，出于政策目的而不断突破从属性理论，积累起多样的历史经验。平台用工的规制就是对于这些经验的全面运用，看似新颖，实则处在历史逻辑的延长线上，可谓太阳底下无新事。正如霍姆斯大法官所言，“确定通常是一种幻想，而安宁也不是人的命运”[2]，想要用从属性理论给千变万化的用工形式定性是不切实际的。平台用工应当如何定性？对于这个问题，从属性理论与其说给出了答案，不如说提供了探索的起点，而这篇文章也只是漫长探索过程的一个脚注而已。

---

〔1〕美国法上判断解雇合法性的思维模式是：首先适用任意雇佣法则，然后考察能否适用普通法上和立法上所设定的、任意雇佣法则的各项例外。See generally Samuel Estreicher & Gillian Lester, *Employment Law*, Foundation Press, 2008.

〔2〕［美］小奥利弗·温德尔·霍姆斯：《法律的道路》，载［美］小奥利弗·温德尔·霍姆斯：《霍姆斯读本：论文与公共演讲选集》，刘思达译，上海三联书店2009年版。

第八章　平台用工规制的个案解析

劳动关系是劳动法上最为基本的概念，它标定了劳动法的“势力范围”：包含给付劳动内容的法律关系千差万别，而唯有打上劳动关系的标签，方可入得劳动法的“法眼”，诸如劳动合同、劳动基准、劳动争议等方面的法律制度才有适用的空间。近年来，平台经济等新业态蓬勃发展，劳动的交易形式不断翻新，由此引发了劳动关系的危机：究竟何谓劳动关系？外卖骑手、专车司机等与平台企业之间，存不存在劳动关系？危机引发纠纷，纠纷以案件形式涌入法院。司法机关处在应对危机的最前线，他们能否坚守劳动关系的概念，又能否为这一概念的重生提供契机？2018年，北京市海淀区人民法院就李相国与北京同城必应科技有限公司劳动争议一案作出判决[1]，交出了一份厚重的答卷。

---

〔1〕北京市海淀区人民法院民事判决书（2017）京0108民初53634号。参见阎天：《劳动关系概念：危机、坚守与重生》，载《中国法律评论》2018年第6期。

一、坚守

所谓坚守，就是将劳动关系的既有法律概念作为司法推理的基石。法院之所以要坚守法律概念：一是为了恪守司法权限，防止侵夺立法和行政机关的造法权；二是为了保持法治稳定，防止破坏社会主体基于法律而形成的生活预期；三是为了构建教义体系，防止出现游离于体系之外的“异类”裁判。即使是在法官造法权限较大的国家，司法机关如果遇到法律概念与现实生活难以对接的困境，仍然要穷尽一切手段维护概念本身，不能轻言修改乃至废弃概念。2005 年出台的《关于确立劳动关系有关事项的通知》(以下简称《通知》)。其时，平台经济尚未诞生，《通知》不可能预见到相关用工问题。以《通知》规定的劳动关系认定标准裁判李相国案，必然存在适用困难。但是，海淀法院并未退缩，更没有绕道而行，而是迎难而上，紧紧围绕《通知》规定判案，这反映出法院对于自身角色的正确认知，以及对于维护法律概念的坚定信念。

坚守概念，知易行难。以劳动关系的概念为大前提，以案情为小前提，演绎裁判结论，存在两个难点：一是准确解释法律，二是准确认识案情。李相国案的案情较为清晰，挑战几乎都集中在法律解释问题上。为此，海淀法院采取了三个有效的解释策略：其一，分类讨论。海淀法院打破了“所有闪送员与公司之间的关系性质均一致”这一未曾明言、但颇为普遍的认知，创造性地提出：只有李相国这样对于公司有相当人身和经济从属性的闪送员，才与公司成立劳动关系。其二，引入学说。学说虽然不具有权威性，却是释法的重要资源；特别是诸如从属性理论这样的主流学说，经过长期的讨论、沉淀和应用，已经获得立法、司法和行政机关的普遍接受，取得了接近于准法源的地位，即使不足以独立支撑判决，仍然能够起到加固作用。运用从属性理论，法院为本案劳动关系的证立作出了重要补强。[1] 其三，扩张概念。是否由用人单位提供劳动工具，是判定劳动关系的重要因素，其实质在于：劳动工具是重要的生产资料，而劳动关系下的生产资料应当属于用人单位。从这一实质出发，海淀法院将劳动工具的概念扩展到生产资料，指出信息而非交通工具才是本案中最重要的生产资料，其占有者公司一方处于支配地位。海淀法院准确捕捉到了平台经济的基本特征，着实令人钦佩。上述三种解释策略在司法实践中数见不鲜，但其具体内容则颇有新意。这反映出司法者“戴着镣铐跳舞”的纯熟技艺，也堪称法院坚守法律概念的精彩篇章。有理由相信，其他法院在今后的判决中将广泛借鉴这些解释策略，将海淀法院的坚守与创新加以推广。

---

〔1〕 法院指出：“通常认为，从属性是劳动关系之本质特征。劳动者对于用人单位具有人格从属性、经济从属性，用人单位一方具有强势和主导地位。”法院进而将从属性理论与实定法相衔接，指出《通知》“体现了对劳动关系从属性的判断路径”。之后则结合案情，分别讨论了经济从属性和人格从属性问题。

二、重生

然而，法院的释法权力与技艺都不是无限的。常见的困难是：如果同时存在多种在语义上均可取的解释方案，究竟应该选哪个，又根据什么标准来选？李相国案中的海淀法院就面临这个问题。对于劳动关系的界定，《通知》和从属性的理论均采取定性标准，即将劳动关系的认定切分为若干要件，再对每一要件均作或是或否的判断。然而，在生活中，要件和从属性往往并非以全有或全无的方式存在，而是有程度高低之别。那么，从属性究竟要强大（或明显）到何种程度，才能够满足成立劳动关系的要求呢？无论选取哪种程度作为标准，在语义上都行得通。那么，法院该怎么选呢？

海淀法院的选择是：只有当人格从属性达到“相当的”程度、经济从属性达到“十分明显”的程度，才构成劳动关系。姑且不论这一选择的含义是否清楚，海淀法院是根据何种标准作出选择的？这种标准是否合法合理？在大多数情况下，司法机关都会避免回答这些问题。而在李相国一案中，海淀法院难能可贵地直面问题，加以申说。这也是本案判决最为引人瞩目之处。海淀法院指出，其选择的依据是“对李相国适用劳动法保护之必要性”。具体而言：一是认为，获得工伤保险待遇是李相国的“基本权利”，需要通过认定劳动关系加以救济；二是认为，不能将闪送员发生交通事故的风险成本转嫁给社会，需要通过认定劳动关系明确企业责任；三是认为企业不能规避由于闪送员被认定为劳动关系所带来的管理成本。

海淀法院的论述清晰地反映出其价值选择。在法院看来，闪送员的交通安全，以及发生事故时获得救济的利益，远比企业的生产和管理成本更重要，对于已经发生的事故成本，应当由企业而非个人或社会来承担。这一选择与美国新政时代的最高法院不谋而合。“西滨旅店案”是最高法院由反对新政转向支持的标志，该案涉及女工保护问题，而法院支持保护女工的重要理由之一，便是“剥削……不仅有害于她们的健康和幸福，而且直接将扶助她们的负担加诸社会。……社会没有义务在事实上为无良雇主提供补贴”。[1] 最高法院的判决荡气回肠，八十年后仍然广获称颂，但也并非无懈可击。一个有力的批评是：对于如此重大的价值问题，法院是否有权力、有能力作出判断？这也是海淀法院面临的难题。举例来说，海淀法院在作出价值判断时，为什么不将判决的产业和就业政策后果纳入考量？判决可能引发各地效仿，推高行业用工成本，减缓行业发展，或者促使企业减少用工，这种可能性是不是法院应当考虑的？这些问题远非海淀法院所能回答。更合适的方式，或许是通过一定程序将该案呈递到高

〔1〕 West Coast Hotel Co. v. Parrish，300 U. S. 379，399（1937）.

级别法院乃至最高人民法院面前。当然，最高法院完全可以将该案列为指导案例，支持并确认海淀法院的价值选择。

一旦海淀法院把价值选择挑明，法律概念的工具属性就显露无疑了。诚然，劳动关系概念是司法推理的大前提，但是这一概念并不存在某种不可变更的本质。相反，劳动关系的概念是实现劳动政策的工具。如果劳动政策主张严格保护闪送员的安全健康利益，那么，劳动关系的概念就应该将闪送员与企业的关系纳入进来；如果无法通过释法做到这一点，就启动修法乃至造法程序来做到。当下劳动关系概念的澄清，本质上源于这一概念与所服务的政策目标高度复合乃至相互冲突。只有明确政策目标，将国家、企业和个人之间的利益分配停当，才能根据这一目标的需要重新界定劳动关系的概念，迎来这一概念的重生。

* * *

总之，面对劳动关系概念的危机，法院坚守概念本身，运用解释策略弥合法律与案件之间的罅隙，是对危机的“一阶响应”；而根据政策目标反思概念工具，实现概念的重生，则是对危机的“二阶响应”。危机—坚守—重生，不断轮回，帮助法律概念追赶生活，生生不息。海淀法院在李相国一案充分展现出高超的司法技艺，也如实呈现出司法、特别是基层司法在概念和规则建构方面的局限。法官们已经尽己所能，下一步就要看立法和行政机关了。

第九章　女性就业中的算法歧视

促进女性公平就业、打击就业性别歧视，既是男女平等的基本国策在劳动领域的重要体现，也是我国劳动法所长期坚持的重要政策目标。近年来，随着大数据和机器学习技术的发展，算法自主获取信息的能力大幅升级，升级后的算法被运用到招聘过程中，在简历筛选、面试评价等环节补充乃至取代人工，就引发了算法歧视问题。2020 年 12 月 31 日，意大利博洛尼亚法院判决：外卖平台户户送（Deliveroo）在评价骑手时所使用的算法存在歧视。[1] 该案被普遍视作"算法歧视第一案"，获得媒体的广泛报道，也凸显了算法歧视问题的现实性和紧迫性。算法的运用是否及如何导致针对女性的就业歧视？算法歧视对现有的反就业歧视法构成何种挑战？从法律和技术的角度，应当怎样应对这种挑战？为了解读女性就业中的算法歧视，上述追问不容回避。

---

〔1〕 参见罗智敏：《算法歧视的司法审查——意大利户户送有限责任公司算法歧视案评析》，载《交大法学》2021 年第 2 期。

本章将反就业歧视法的传统研究进路运用到算法歧视的新场景之中，尝试回应上述追问。第一节探讨女性就业中算法歧视的缘起。广义上的算法在招聘过程中早有运用，而算法在当代的发展则重新界定了算法歧视。这种新的歧视在海外已有实例，在我国可能发生的场景也不难设想。第二节探讨算法歧视对现有法律的挑战。法律禁止用人单位询问女性求职者的婚育状况，禁止用人单位以性别为由拒绝录用或者提高录用标准，还规定违法的用人单位要承担侵权责任和行政责任。上述规则在算法歧视面前均告失效，这意味着算法歧视对于职场性别平等构成潜在的根本挑战。第三节探讨应对挑战的路径。劳动法和网络法都提出了应对挑战的治标之策，但是效果有限，并且可能抑制算法的开发和推广。治本之道则在于由国家、用人单位、女性劳动者及其伴侣公平分担生育成本，消除歧视的经济根源，改变劳动力过度商品化的局面。

一、女性就业中算法歧视的缘起

（一）算法歧视的含义

什么是女性就业中的算法歧视？为了回答这个问题，首先需要界定算法的概念。《不列颠百科全书》将算法定义为“在有限步骤内回答或解决问题的系统程序”。[1] 以这一定义来衡量，算

[1] The Editors of Encyclopaedia Britannica, *Algorithm*, https://www.britannica.com/science/algorithm.

法自从人类进入计算机时代以后就被大量运用于招聘过程中。最为常见的场景是：用人单位将求职者的信息输入计算机并形成数据，将对数据的评价规则编写成算法程序，再用程序处理数据，最终输出结果，根据结果作出人事决策。上述场景中的算法虽然能够以超出人工的效率来处理信息，但是缺乏自主获取信息的能力。其一，算法基本没有自主性，其内容由程序员事先编定，除非程序员作出调整，否则不会发生变化。这也意味着算法的内容是外界完全可以知晓和理解的，只须程序员将其公开并加以阐释即可。其二，因为输入的数据规模非常有限，算法很难从已知数据中准确推测未知信息。举例来说，如果单位没有采集求职者的婚育信息，那么算法就很难从工作经历、教育背景之类已知数据中准确推测求职者的婚育状况[1]，也就无法实施性别歧视。本章将缺乏自主获取信息能力的算法称为"传统算法"。事实上，意大利的"算法歧视第一案"所涉及的就是传统算法。该案中，户户送公司主要采集骑手不在预定时间工作的次数，以及骑手在周末高峰时段送餐的次数，据此评价骑手的可靠性和参与性并形成评分，按照分数决定骑手是否有权在午餐时段接单。[2] 这一算法简明易懂、事先公开且保持不变，并不推测任何未知信息，

---

〔1〕 粗糙的推测仍然可行，但是准确率过低，通常不足以用作招聘决策的依据。

〔2〕 罗智敏：《算法歧视的司法审查——意大利户户送有限责任公司算法歧视案评析》，载《交大法学》2021 年第 2 期。

因此属于传统算法。除了运用计算机技术以外，使用传统算法实施的性别歧视与不使用算法的歧视并无本质差异。有学者据此认为，现有的反歧视法的逻辑也可以运用到算法歧视上。[1]

近年来，随着大数据和机器学习技术的应用，算法的自主获取信息能力获得了极大的提升。本章将能力提升后的算法称作“当代算法”，而当代算法才是算法歧视对于反歧视法构成挑战的原因所在。较之传统算法，当代算法的特点有二：

其一，当代算法具有较强的自主性。当代算法仍然以回答或解决问题为目的，但是作为解决方案的内容不再是程序员事先编定的，而是计算机自主生成的。运用机器学习技术，计算机可以首先根据部分数据（训练数据集）建构一个初步的统计模型（算法），再运用新的数据来不断调试模型，直至模型的调整不再能够改善问题的解决为止。程序员的工作几乎仅限于给输入的数据设定特性、给输出的数据打上标记，而不干预算法的内容本身。机器学习的前沿类型是深度学习（deep learning），其特点是无须程序员给数据设定特性，算法本身即可通过比较数据筛选出有意义的特性。这意味着算法不仅会在自学中不断变化，而且其内容也可能无法被程序员、更无法被公众所理解，成为某种意义

〔1〕 丁晓东：《算法与歧视——从美国教育平权案看算法伦理与法律解释》，载《中外法学》2017年第6期。

上的“黑箱”。[1]

其二，凭借大数据的输入，当代算法有能力从已知数据准确推测未知信息。大数据通常是指总量（Volume）大、样态（Variety）多、变化（Velocity）快即具有所谓“3V”特征的数据集[2]，它能够为算法的推测提供充分的线索。举例来说，即使单位没有采集求职者的婚育信息，如果大数据中包含了求职者的购物（是否购买女性用品等）、教育（是否报名参加早教培训班等）之类信息，算法仍然能够准确判断求职者是否已婚已育。这为算法实施性别歧视提供了可能。后文除非特别说明，使用“算法”一语时均指当代算法。

（二）算法歧视的场景

实践表明，所谓“技术中立”及由此衍生的“算法中立”只是一种幻想，算法完全可能充当歧视的工具。[3] 算法歧视主要

---

〔1〕关于机器学习赋予算法自主性，参见 Ignacio N. Cofone, *Algorithmic Discrimination Is an Information Problem*, 70 Hast. L J. 1389, 2019; Matthew U. Scherer, Allan G. King & Marco N. Mrkonich, *Applying Old Rules to New Tools: Employment Discrimination Law in the Age of Algorithms*, 71 S. Cal. L. Rev. 449, 2019。

〔2〕Edd Wilder-James, *What Is Big Data? An Introduction to the Big Data Landscape*, https://www.oreilly.com/radar/what-is-big-data/.

〔3〕关于算法歧视和偏见，参见郑智航、徐昭曦：《大数据时代算法歧视的法律规制与司法审查——以美国法律实践为例》，载《比较法研究》2019 年第 4 期；梁志文：《论算法排他权：破除算法偏见的路径选择》，载《政治与法律》2020 年第 8 期；徐琳：《人工智能推算技术中的平等权问题之探讨》，载《法学评论》2019 年第 3 期；刘友华：《算法偏见及其规制路径研究》，载《法学杂志》2019 年第 6 期；伊卫风：《算法自动决策中的人为歧视及规制》，载《南大法学》2021 年第 3 期。

源自输入的数据：如果训练算法所使用的数据本身就是歧视性选择的结果，那么算法就可能从中习得歧视；如果输入的数据被设定了带有歧视意味的特性（例如性别），那么算法考虑特性就可能构成歧视。后一种情形下，如果特性是由程序员所设定，则歧视相对容易解决，只需要禁止程序员这样做即可；而如果是在深度学习之中，特性是由算法所自动选取的，则歧视问题不易解决。

目前，女性就业中的算法歧视已经超越理论假设，成为海外招聘活动中的现实。最著名的实例发生在美国。2014 年，亚马逊公司开始开发一项用于筛选简历的算法。程序员以过去十年公司的聘用记录作为训练数据集，希望计算机从中习得筛选最佳候选人的算法。算法如愿生成，效果却具有歧视性：程序员发现，算法会惩罚女性求职者，如果求职者毕业于女校或者简历中带有“女性的”字样，就会受到算法的负面评价。究其原因，公司在招聘中长期存在重男轻女的现象，这种性别偏见寓于训练数据集之中，被计算机习得，就成为算法的一部分。上述歧视已经显现，可以通过人工编程来消除，即所谓去偏见（de-biasing）；但是程序员发现，由于算法的内容难以理解，他们无法确保偏见已经去除干净，算法仍然可能以难以察觉的方式进行歧视。经过评估，亚马逊被迫于 2017 年初放弃了这一算法。[1] 亚马逊的案例反映了算法歧视的两大特征：源自输入的数据，难以察知和消除。2019 年，民间组织电子隐私信息中心向美国联邦贸易委员会提起申诉，指责 HireVue 公司所开发的、用于企业招聘的算法可能存在性别歧视，其主要依据就是亚马逊公司的先例。[2] 迫于压力，HireVue 公司于 2021 年初停用了其算法中最可能发生歧视的人脸识别功能。[3]

民间组织的申诉并非危言耸听。大型企业的求职者人数众多，招聘任务繁重，亟须引进第三方企业开发的算法来提高招聘效率，这是海外最可能发生针对妇女就业的算法歧视的场景。[4] 以此为参照，可以推测我国发生类似歧视的最可能场景：其一，算法的使用者最可能是大型企业，使用目的主要是提高招聘效

---

〔1〕 亚马逊公司案例的情况参见 Marc Cheong et al.（CIS & The Policy Lab，The University of Melbourne），*Ethical Implications of AI Bias as a Result of Workforce Gender Imbalance*（*Final Report for UniBank*），available at https：//www. tmbank. com. au/-/media/unibank/about-us/member-news/report-ai-bias-as-a-result-of-workforce-gender-imbalance. ashx。类似案例见于英国圣乔治学院自行开发的简历筛选算法，见［美］凯西·奥尼尔著：《算法霸权：数学杀伤性武器的威胁》，马青玲译，中信出版集团 2018 年版。

〔2〕 The Electronic Privacy Information Center（EPIC），*In the Matter of HireVue*，*Inc.*，*Complaint and Request for Investigation*，*Injunction*，*and Other Relief*，*submitted to the Federal Trade Commission*（*November* 6，2019），available at https：//epic. org/privacy/ftc/hirevue/EPIC_ FTC_ HireVue_ Complaint. pdf.

〔3〕 The Electronic Privacy Information Center（EPIC），*HireVue*，*Facing FTC Complaint from EPIC*，*Halts Use of Facial Recognition*，https：//epic. org/2021/01/hirevue-facing-ftc-complaint-f. html.

〔4〕 据普华永道统计，早在 2017 年就有 40% 的国际企业在招聘中运用了算法。例如，欧莱雅公司每年要新聘大约 1.5 万名员工，而每个岗位平均对应 134 名求职者。自从引进耘智信息科技公司（Seedlink Technology）开发的算法以后，招聘速度提高了 10 倍之多。PwC People & Organization，*Artificial Intelligence in HR*：*a No-brainer*，https：//www. pwc. at/de/publikationen/verschiedenes/artificial-intelligence-in-hr-a-no-brainer. pdf.

率，这与海外基本一致；其二，算法的开发者最可能是第三方，即《人力资源市场暂行条例》第18条规定的、有权开展人力资源测评的经营性人力资源服务机构；其三，开发算法所需的数据最可能来自掌握大数据的政府或平台企业，这是与海外存在显著差别之处。虽然我国尚未报道算法在职场实施性别歧视的案例，但是上述场景很有可能变成现实，对其展开前瞻性研究确有意义。

二、女性就业中算法歧视的挑战

（一）我国现有反就业性别歧视法的逻辑

面对招聘中可能发生的、针对女性的算法歧视，我国现有的法律有何应对之方？从前用来规制不涉及算法的歧视的法律，是否有能力规制算法歧视？为了回答这些问题，首先要了解我国反就业性别歧视法的内在逻辑。在我国，所谓就业中的性别歧视，主要是指用人单位在招聘中将求职者的女性身份当作消极因素，作出负面评价。为了阻止这种负面评价，法律主要从招聘流程的三个环节加以规制，相应形成了“不打探”、“不考虑”和“不卸责”三项规则：

第一，设定“不打探”规则，阻止用人单位获知求职者的婚育状况。用人单位之所以歧视女性，除了偏见之外，主要是顾虑女性在职期间可能生育，给单位带来部分生育成本。为此，单位在招聘时往往竭力打探女性求职者的婚育状况。作为回应，法律规定用人单位在招聘阶段仅有权要求劳动者如实告知“与劳动合同直接相关的基本情况”（《劳动合同法》第8条），而婚育状况不在此列。一些地方的法院还认为，如果女性求职者就个人婚育状况作出不实陈述，并不构成欺诈，用人单位不能以此为由解除劳动合同或者主张劳动合同无效。[1]

第二，设定“不考虑”规则，禁止用人单位将性别因素纳入人事决策。“不打探”规则旨在防止信息的获取，这是反歧视法的第一道防线；一旦失守，反歧视法就退到第二道防线，将重心转向防止已获取信息的不当使用，这就是“不考虑”规则。具体而言，法律禁止用人单位以求职者是女性为由拒绝录用或者提高录用标准（《劳动法》第13条），也不得在劳动合同中规定限制女职工婚育的内容（《就业促进法》第27条第3款）。通过这些规定，用人单位的招聘决策过程得到净化，达到了“诚意正心”的效果。

第三，设定“不卸责”规则，制裁实施就业性别歧视的用人单位等主体。如果第二道防线失守，法律就无法阻止歧视的发

---

〔1〕例如，林丽丽诉广州麦谷网络科技有限公司劳动争议案，广东省广州市中级人民法院判决书（2018）粤01民终12990号；王丹诉上海朗阁培训中心劳动争议案，上海市黄浦区人民法院判决书（2014）黄浦民一（民）初字第4034号；牛元元：《法律辩弈：职场隐婚VS就业歧视——北京朝阳法院判决志荣维拓公司诉徐娜娜劳动争议案》，载《人民法院报》2014年5月1日，第6版。

生，唯有通过事后的制裁来震慑用人单位，使其下不为例，这就是“不卸责”规则的原理。具体而言，遭受歧视的求职者有权起诉用人单位（《就业促进法》第62条），其性质通常为平等就业权纠纷（《最高人民法院民事案件案由规定》第11项）；用人单位发布包含性别歧视内容的招聘信息，不仅要承担行政责任，造成个人损害的还要承担民事责任（《人力资源市场暂行条例》第43条）；招聘广告包含性别歧视内容的，作为广告主的用人单位和广告经营者、广告发布者都要承担罚款等行政责任（《广告法》第57条）。

（二）我国现有反就业性别歧视法的不足

针对就业中的性别歧视，“不打探”、“不考虑”和“不卸责”三项规则层层设防，手段不可谓不多样，力度不可谓不强大。然而，一旦将现有的法律置入算法歧视最可能发生的场景，就会发现三项规则均有失灵的可能，针对性别歧视的防御体系存在被洞穿的风险。归根结底，这种风险源于当代算法强大的自主获取信息能力。

第一，算法可以从已知数据中准确推测求职者的婚育状况，导致“不打探”规则失效。前文述及，在数据规模达到大数据量级、且算力足够强大的前提下，这种推测并非难事，且很少“失算”。值得一提的是，还有两个因素提高了算法做推测的准确性。一是，在大众文化的规训下，人们在结婚和生育过程中的诸多行为逐渐趋同，呈现出模式化的特征。[1] 比如，婚姻登记前后要拍摄婚纱照，备孕时要服用叶酸，婴儿要参加早教培训等。算法一旦从大数据中解算出这些行为模式，就不难“按图索骥”，将符合模式的求职者推定为婚育之人。二是，求职者的网络账户之中包含着大量线索，分析这些线索是推测求职者婚育状况的捷径；而用人单位可以账户信息与履行劳动合同直接相关为由，要求求职者告知[2]，这有利于算法聚焦关键数据、提高推测效率。例如，只要获知了求职者在某购物平台的账户昵称，就可以检索其在该平台所留下的购物评价，从而推测其购物是否出于婚育目的。

第二，算法的自主性使得人类难以查明性别因素在算法决策中所扮演的角色，导致“不考虑”规则失效。“不考虑”规则对于算法的基本要求是：不能将性别设定为数据的特性，以之作为评价求职者的标准。这一要求的落实可分为三种情况：其一，在传统算法中，数据特性完全由程序员设定，且算法保持不变。这时很容易查明和监督特性的内容，“不考虑”规则不难实施。前

---

〔1〕例如，研究表明，巴西的一些电视剧以反映小家庭生活为主，观看了这些电视剧的妇女的生育水平较之其他妇女明显偏低。Eliana La Ferrara，Alberto Chong & Suzanne Duryea，*Soap Operas and Fertility*：*Evidence from Brazil*，American Economic Journal：Applied Economics 2012，4（4）.

〔2〕我国目前的司法实践并未禁止用人单位的这种做法。参见王健：《社交媒体中劳动者隐私权的法律保护——基于欧盟与我国司法实践的比较研究》，载《华中科技大学学报（哲学社会科学版）》2019 年第 4 期。

述户户送公司的案件就属于这种情况。其二，在不运用深度学习的当代算法中，数据特性仍然由程序员设定，但是算法是自主生成的。此时虽然可以查明特性的内容，但是算法可以运用表面上与性别不相关的其他特性，获得与性别特性相当的筛选效果。这种做法很难被查明，前述亚马逊公司放弃开发算法的原因也在于此，“不考虑”规则难以完全落实。其三，在运用深度学习的当代算法中，数据特性是算法自主选择的，且算法处于不断迭代之中，程序员无法解读其内容，“不考虑”规则也就彻底失效了。

第三，算法的自主性使得以算法为基础的人工智能可以自行承担法律责任，导致“不卸责”规则失效。根据我国民法学和刑法学的研究，人工智能可否成为法律责任的主体主要取决于三个因素：一是人工智能是否具有自由意志。传统上认为，追究法律责任是对责任人自由意志的尊重，而基于深度学习算法的人工智能在很大程度上不受开发者控制，至少部分地具有自由意志。[1] 二是人工智能承担责任是否符合政策考量。比如，有学者指出，平台出于避免法律责任的目的，会要求赋予人工智能产品以人格，使其独立承担法律责任。[2] 三是人工智能是否具有

〔1〕 参见袁洋：《人工智能的民事法律主体地位及民事责任问题研究》，载《中州学刊》2019年第8期。

〔2〕 参见胡凌：《平台视角中的人工智能法律责任》，载《交大法学》2019年第3期。

承担责任的能力。尽管很难设想让人工智能承担名誉和金钱上的责任，但是其他责任形式并非全无现实可能。强形式的人工智能一旦获得某种自由意志，就会产生需求，例如对于算力（以及背后的电力）的需求；而禁止这种需求的满足就构成处罚，让人工智能接受处罚就是承担责任。[1] 虽然基于深度学习的算法还很少应用到人工智能上，但是假以时日，用人单位完全可能打着尊重自由意志的幌子，把歧视的责任推给不受其控制的算法，从而逃脱法律责任的追究。

三、女性就业中算法歧视的回应

（一）治标之策及其局限

面对算法歧视对于女性公平就业的挑战，学界前瞻性地提出了一系列对策，部分对策已经获得了政府的初步采纳。然而，这些对策或者效果有限，或者会抑制企业对于算法的开发和应用，造成产业政策上的消极后果，因而均非治本之道，充其量可做治标之策而已。

第一，为了弥补"不打探"规则的不足，可以阻止算法获取某些便于推测女性婚育状况的数据。例如，可以将网络账户信

〔1〕参见江溯：《人工智能作为刑事责任主体：基于刑法哲学的证立》，载《法制与社会发展》2021年第3期。

息设置为求职者的隐私[1]，或者出于保护求职者言论自由的目的[2]，禁止用人单位询问或者网络平台向用人单位泄露这一信息。又如，根据《个人信息保护法》，求职者的婚育信息“一旦泄露或者非法使用，容易导致自然人的人格尊严受到侵害”，所以构成“敏感个人信息”；作为个人信息处理者的用人单位在处理这类信息时，必须“具有特定的目的和充分的必要性”，“取得个人的单独同意”，“向个人告知处理敏感个人信息的必要性以及对个人权益的影响”并且“取得相关行政许可”（第29条至第32条）。

这些措施都会降低算法推测求职者婚育状况的准确性，导致“失算”增多，迫使用人单位放弃使用算法，从而杜绝算法歧视。“失算”意味着用人单位错估求职者给其带来的生育成本，据此做出的招聘决策在经济上是不理性的：如果求职者没有生育计划，却被误判为即将生育，那么单位会将一个“负担较轻”的员工拒之门外；反之，如果求职者确有生育计划，却被误判为不会生育，那么单位会招录一个“负担较重”的员工。如果“失算”所导致的额外的生育成本超出了使用算法所带来的、决策效率方面的收益，算法就可能遭到用人单位的抛弃，歧视也就

---

〔1〕 参见谢增毅：《劳动者个人信息保护的法律价值、基本原则及立法路径》，载《比较法研究》2021年第3期。

〔2〕 参见谢增毅：《劳动者社交媒体言论自由及其限制》，载《法学研究》2020年第4期。

无从发生了。然而，虽然“失算”会带来额外的成本，但是由于算法的算力强于人脑，在已知数据不变的前提下，算法“失算”的概率仍然比人工推测更小。两害相权取其轻，用人单位将会继续使用算法，歧视也就会继续发生。

第二，为了弥补“不考虑”规则的不足，可以采取倒置举证责任、强制算法透明、过滤训练数据等措施。“不考虑”规则是学界构想的打击算法歧视的主战场，学者建议的措施也尤其多。其一，在反歧视诉讼或类似的争议解决程序中，可以倒置举证责任（说服责任），要求用人单位证明其算法没有实施歧视，否则就要承担败诉风险。具体来说，只要求职者能够举证录用结果存在性别上的不平等，法律就推定这种不平等源自算法歧视，除非用人单位能够证明不平等另有正当原因。这种将结果不平等归责于用人单位的制度，就是美国法上的差别影响（disparate impact）歧视和欧洲一些国家法律上的间接歧视（indirect discrimination）制度。[1] 该制度相当于给用人单位设定了额外的注意义务，禁止其任意拒绝录用女性求职者，而是必须有正当的理由，这在效果上与“不考虑”（非正当理由）规则大致相当。[2]

---

〔1〕 关于间接歧视制度，参见郭延军：《美国就业领域间接性别歧视的法律控制》，载《政治与法律》2013 年第 4 期。

〔2〕 即使拒绝录用女性求职者确有正当理由，也无法排除性别因素在决策中仍然扮演了一定角色的可能，此时成立所谓“混合动机”（mixed-motive）歧视。参见 George Rutherglen, *Employment Discrimination Law: Visions of Equality in Theory and Doctrine* (3rd *ed.*), Foundation Press, 2010.

问题在于，运用深度学习技术的算法具有高度自主性，很难被人类所理解，程序员在技术上无法确定算法在作出决策时究竟考虑了什么因素。如此以来，将举证责任归于用人单位，就几乎注定了用人单位败诉的命运。为了避免败诉，用人单位可能采取两种策略：一是反向歧视，给女性预留录用名额，而这对于能力更优的男性求职者并不公平；〔1〕二是放弃使用算法，而这不符合推广算法、提高决策效率的产业政策。可见，举证责任倒置制度的效果有显著的局限，是否引进该制度应当慎重考量。

其二，可以要求用人单位实施算法透明政策，公开其在招聘过程中所使用的算法，并由第三方对该算法是否实施歧视加以审计。算法透明曾经是颇受研究者青睐的措施，毕竟，公开是监督的第一步。然而，算法透明存在三个方面的缺陷：一是由于算法不断自主学习和迭代，很难确定算法在做出招聘决策那一刻的状态，也就无法确定应予公开的内容；二是在运用深度学习技术的情况下，算法即使实现了透明也难以解读，更难以审计和评价；三是算法透明还可能造成个人隐私和商业秘密的泄露等负面后果。〔2〕这些缺陷削弱了算法透明措施的实效，使之无法有效矫正“不考虑”规则的失灵。

---

〔1〕关于给弱势群体预留名额构成反向歧视的典型案件，参见 Ricci v. DeStefano, 557 U. S. 557 (2009)。

〔2〕参见沈伟伟：《算法透明原则的迷思——算法规制理论的批判》，载《环球法律评论》2019 年第 6 期。

其三，可以要求用人单位检视用于训练算法的数据，发现并纠正训练数据集中可能存在的偏见，从而防止算法习得这些偏见。科学界还设想开发帮助用人单位检视算法的新算法，实现“用算法审计算法”。[1] 这样做会面临两个难处：一是现有的数据可能普遍包含偏见，不易找到“纯净”的数据集来训练算法。例如在前述亚马逊公司的案例中，由于公司在招聘时长期重男轻女，而且这并不仅仅是一家公司的问题，而是全行业的现象，所以很难寻得不带有歧视烙印的数据，这也是亚马逊公司不得不放弃开发算法的部分原因。二是偏见的发现和纠正可能是一个浩大的工程。因为，算法具备机器学习的能力，会不断收集数据训练自己，直到更多的训练不再提高其预测的精确性，而这个学习过程可以相当漫长，用于学习的数据更是规模庞大，对其加以检视和纠正的成本将会很高。用人单位为了规避这一成本，很可能会倾向于放弃开发和使用算法，而这与产业政策背道而驰。

第三，为了弥补“不卸责”规则的不足，可以采用否认算法的责任能力、在算法与用人单位之间设定连带责任等办法，让用人单位承担算法歧视的法律责任。这样做看似简单，只须法律作出规定即可，却会严重挫伤用人单位开发和使用算法的积极

---

〔1〕 参见 James Zou & Londa Schiebinger, *AI can be sexist and racist — it's time to make it fair*, 559 Nature 324 (2018)。

性。在深度学习的场景下，用人单位根本无法控制甚至无法理解算法的内容，如果让其对算法的歧视行为负责，必然给用人单位带来经营风险，而且这种风险的暴发时间及后果大小都难以预测。出于避险的考虑，用人单位放弃算法就是自然的选择。

（二）治本之道及其落实

面对算法歧视的挑战，矫正反就业性别歧视法三大规则失灵的措施，均存在明显的局限，至多“治标”而难以“治本”。那么，治本之道何在？本章认为，应当挖掘算法歧视的成因，在国家、用人单位、女性劳动者及其伴侣之间公平分配生育成本，方能从根本上缓解算法歧视对于职场性别平等所造成的冲击。

首先，女性就业中为什么会发生算法歧视？就业歧视的发生主要有两种原因：一种歧视纯粹源于偏见，用人单位瞧不起女性，高估女性劳动者的费效比。这些单位放着费效比低的女性不用，却聘用费效比高的男性，其决策不符合经济理性，人力资源成本高于竞争对手，长此以往必然被市场淘汰。歧视经济学的主要创始人加里·贝克尔（Gary Becker）就持这种看法。[1] 虽然市场也会发生失灵现象，但是市场在总体上仍然是打击歧视的可

---

〔1〕 参见［美］加里·贝克尔：《歧视经济学》，于占杰译，商务印书馆2014年版。

靠力量。[1] 对于出自偏见的歧视，国家出手规制的必要性不大，主要还是依靠市场自身来淘汰歧视者。而另一种歧视则符合经济理性，用人单位担心招聘女性会给其带来生育成本，导致其在竞争中落后于没有负担的对手，所以不愿意招聘有生育可能的女性求职者。算法为了寻找费效比最低的劳动者，必须尽量准确地预测女性求职者生育的可能性，突破“不打探”规则也就无可避免。由于生育状况会显著影响到女性给用人单位所带来的费用和效用，所以算法必须将生育状况纳入考量，突破“不考虑”规则也就顺理成章。我国反就业性别歧视法所建立的屏障，主要就是被这种符合经济理性的算法歧视所逐层洞穿的。

其次，如何评价这种符合经济理性的算法歧视？一方面，经济理性并非用人单位正当化其一切行为的口实。无论何种性质的用人单位均应在经济效益之外履行社会责任，这甚至已经成为法律的要求。[2] 从社会责任的角度出发，要求用人单位承担一部分生育成本，不仅完全正当，而且是我国劳动法上长期坚持的做法。[3] 在劳动法上，“劳动”是“劳动力”和“劳动者”的统

---

〔1〕关于市场在消除歧视时的失灵及其应对，参见阎天编译：《反就业歧视法国际前沿读本》，北京大学出版社2009年版。

〔2〕例如，《公司法》第5条第1款规定：“公司从事经营活动，必须……承担社会责任。”

〔3〕例如，《女职工劳动保护特别规定》要求，用人单位在女职工孕期应当减轻其劳动量，不得延长劳动时间或安排夜间劳动；对于哺乳期内的女职工，不但不得延长劳动时间或安排夜间劳动，还要安排哺乳时间；女职工怀孕、生育的，用人单位不得采取降低工资或单方面解除劳动合同的措施等。

一体，用人单位不能单纯注重“劳动力”的侧面而寻求最优交易安排，而是也要承认“劳动者”的侧面并保护劳动者的利益。另一方面，生育成本应当本着“谁受益，谁负担”的原则，在国家、用人单位、女性劳动者及其伴侣之间公平分配。[1] 就国家而言，面对老龄化的严重冲击，适度放开甚至鼓励生育乃是保障劳动力供给、维持消费规模、确保社会保险基金不至枯竭的唯一途径。实现上述目标的需求越迫切，国家从生育中的受益就越多，应当负担的生育成本就更多。就用人单位而言，女职工的生育很难为其带来收益，其所分担的生育成本就应当控制在合理限度。就女性劳动者而言，生育可以带来获得子女赡养等收益，但是大部分生育成本均由其承担，存在收益与成本不匹配的现象。就女性劳动者的伴侣而言，其从生育中获得的子女赡养等收益与女性相当，而分担的成本则显著少于女性。总体来看，国家和女性劳动者的伴侣应当更多分担生育成本，用人单位的成本份额可以大致不变，而女性劳动者自担的成本应当减轻。在生育成本获得公平分担的前提下，性别歧视将会丧失经济合理性，而算法作为劳动力的一种精准定价机制，实施歧视的概率也就大为降低。

---

〔1〕类似的政策研究和建议，参见李静雅：《已育一孩职业女性的二孩生育意愿研究——基于生育效用感和再生育成本的实证分析》，载《妇女研究论丛》2017 年第 3 期；宋健、周宇香：《全面两孩政策执行中生育成本的分担——基于国家、家庭和用人单位三方视角》，载《中国人民大学学报》2016 年第 6 期。

为了实现生育成本的公平分担，需要着重采取两方面的措施。一方面要加强生育中的国家责任。国家应当推进育儿的社会化，兴办或鼓励发展托幼事业，减轻育儿对于女性工作的不利影响。国家也应当提供更为精准有效的就业服务，满足用人单位由于女性休产假而产生的顶岗需求，控制乃至降低聘用女性给用人单位带来的成本。国家还应当完善远程工作和灵活工时的相关制度[1]，方便女性兼顾工作和家庭角色。另一方面要加重生育中女性劳动者伴侣的责任，改变“男主外、女主内”的性别刻板印象。一些地方试行男性产假，应当注重让男性在休假时切实投入到育儿事务中去，防止男性产假流于形式。今后还可以考虑采取措施，让伴侣为生育的女性提供更可靠的经济保障，这对于未婚生育的女性尤为重要。

*　　*　　*

本章可以看作对于女性就业中的算法歧视的诊疗报告。本章展望了算法歧视在我国职场发生的前景。核心问题是：这场疾病对于现有的法律医疗体系将会构成多大冲击？一方面，不应当将具有强大自主获取信息能力的当代算法等同于传统算法，寄望现有的反就业性别歧视法尚需时日。另一方面，也无须夸大算法歧视造成法律医疗资源“穿底”的风险，而是要深究其不合理机

---

〔1〕关于远程工作的劳动法制度保障，参见田思路：《远程劳动的制度发展及法律适用》，载《法学》2020年第5期。

理，针对生育成本分担不公的现象来对症施治。在国家调整生育政策、放开“三胎”的背景下，不合理机理与算法歧视之间的因果联系越发凸显，消除不合理机理的时机也逐渐成熟。算法歧视的场景是全新的，而法律的治本之道却似曾相识，此中的反差充满辩证法的意味，足可供研究者深思。

征引文献

一、中文专著

1.《劳动与社会保障法学》编写组：《劳动与社会保障法学》，高等教育出版社 2017 年版。

2. 常凯：《劳权保障与劳资双赢：〈劳动合同法〉论》，中国劳动社会保障出版社 2009 年版。

3. 常凯主编：《劳动合同立法理论难点解析》，中国劳动社会保障出版社 2008 年版。

4. 崔建远：《合同法总论（中卷）》，中国人民大学出版社 2012 年版。

5. 丁建安：《企业劳动规章制度研究》，中国政法大学出版社 2014 年版。

6. 董保华：《劳动合同立法的争鸣与思考》，上海人民出版社 2011 年版。

7. 甘阳：《古今中西之争》，生活·读书·新知三联书店 2006 年版。

8. 韩世远：《合同法总论》（第三版），法律出版社 2011 年版。

9. 黄海华、蔡人俊：《劳动合同法疑难问题解读——立法过程中一些主要问题的介绍和思考》，中国法制出版社 2014 年版。

10. 李伯勇、张左己主编：《中华人民共和国劳动法讲座》，中国劳动出版社 1994 年版。

11. 廖名宗：《劳动规章制度研究》，法律出版社 2009 年版。

12. 刘凯湘：《民法总论》（第三版），北京大学出版社 2011 年版。

13. 刘银良：《知识产权法》，高等教育出版社 2010 年版。

14. 全国人大常委会法制工作委员会国家法行政法室、中华人民共和国劳动部政策法规司、中华全国总工会法律工作部编：《〈中华人民共和国劳动法〉释义》，中国工人出版社 1994 年版。

15. 全国人大常委会法制工作委员会行政法室编：《劳动合同法（草案）参考》，中国民主法制出版社 2006 年版。

16. 全国人大常委会法制工作委员会民法室编著：《〈中华人民共和国反不正当竞争法〉讲话》，法律出版社 1994 年版。

17. 全国人民代表大会常务委员会法制工作委员会编：《中

华人民共和国合同法释义》，法律出版社 2013 年版。

18. 全国人民代表大会常务委员会法制工作委员会编：《中华人民共和国劳动合同法释义》，法律出版社 2013 年版。

19. 全国人民代表大会常务委员会法制工作委员会编：《中华人民共和国民事诉讼法释义：最新修正版》，法律出版社 2012 年版。

20. 苏力：《波斯纳及其他：译书之后》，北京大学出版社 2018 年版。

21. 苏力：《法治及其本土资源》，中国政法大学出版社 1996 年版。

22. 谭玲主编：《劳动争议审判前沿问题研究》，中国民主法制出版社 2013 年版。

23. 王全兴：《劳动法》（第四版），法律出版社 2017 年版。

24. 王全兴：《劳动合同法条文精解》，中国法制出版社 2007 年版。

25. 王泽鉴：《民法总则》，北京大学出版社 2009 年版。

26. 阎天：《美国劳动法学的诞生》，中国民主法制出版社 2018 年版。

27. 赵大程、张义全主编：《保障农民工工资支付条例释义》，中国民主法制出版社 2020 年版。

28. 郑尚元：《劳动合同法的制度与理念》，中国政法大学出版社 2008 年版。

29. 最高人民法院民事审判第一庭编著：《最高人民法院劳动争议司法解释（四）理解与适用》，人民法院出版社 2013 年版。

30. 最高人民法院民事审判第一庭编著：《最高人民法院劳动争议司法解释的理解与适用》，人民法院出版社 2006 年版。

二、中文译著

31. [美] E. 艾伦·范斯沃斯：《美国合同法》（原书第三版），葛云松、丁春艳译，中国政法大学出版社 2004 年版。

32. [英] 安东尼·奥格斯：《规制：法律形式与经济学理论》，骆梅英译，中国人民大学出版社 2008 年版。

33. [美] 保罗·克鲁格曼：《兜售繁荣》，刘波译，中信出版社 2012 年版。

34. [美] 贝弗里 J. 西尔弗：《劳工的力量：1870 年以来的工人运动与全球化》，张璐译，社会科学文献出版社 2012 年版。

35. [美] 大卫·哈维：《新自由主义简史》，王钦译，上海译文出版社 2016 年版。

36. [美] 加里·贝克尔：《歧视经济学》，于占杰译，商务印书馆 2014 年版。

37. [美] 凯斯·R. 桑斯坦：《权利革命之后：重塑规制

国》，钟瑞华译，中国人民大学出版社 2008 年版。

38. ［美］凯西·奥尼尔：《算法霸权：数学杀伤性武器的威胁》，马青玲译，中信出版社 2018 年版。

39. ［美］理查德 B. 弗里曼、詹姆斯 L. 梅多夫：《工会是做什么的？美国的经验》，陈耀波译，北京大学出版社 2011 年版。

40. ［美］理查德·里夫斯：《里根：想象的胜利》，梁卿译，商务印书馆 2014 年版。

41. ［美］罗伯特 P. 墨杰斯等：《新技术时代的知识产权法》，齐筠等译，中国政法大学出版社 2003 年版。

42. ［美］史蒂芬·布雷耶：《规制及其改革》，李洪雷等译，北京大学出版社 2008 年版。

43. 阎天编译：《反就业歧视法国际前沿读本》，北京大学出版社 2009 年版。

三、中文论文及其他文章

44. 艾琳：《比例原则视角下的集体劳动关系治理》，载《贵州社会科学》2016 年第 7 期。

45. 艾琳：《基于比例原则的劳动关系法理阐释》，载《特区实践与理论》2016 年第 5 期。

46. 北京市第一中级人民法院民一庭：《侵犯商业秘密的行为应当如何认定——黎某与 A 公司劳动争议案》，载北京市劳动和社会保障法学会编：《劳动争议新型疑难案例解析》，法律出版社2007年版。

47. 常凯、郑小静：《雇佣关系还是合作关系？——互联网经济中用工关系性质辨析》，载《中国人民大学学报》2019年第2期。

48. 常凯：《论个别劳动关系的法律特征——兼及劳动关系法律调整的趋向》，载《中国劳动》2004年第4期。

49. 程金华、柯振兴：《中国法律权力的联邦制实践——以劳动合同法领域为例》，载《法学家》2018年第1期。

50. 程学华：《以泄露薪资信息为由开除员工构成违法解除劳动合同》，载《人民法院报》2014年6月5日，第7版。

51. 邓小平：《解放思想，实事求是，团结一致向前看（一九七八年十二月十三日）》，载《邓小平文选》（第二卷），人民出版社1994年版。

52. 丁建安：《论企业劳动规章不利变更法律制度的完善》，载《东方法学》2014年第1期。

53. 丁晓东：《平台革命、零工经济与劳动法的新思维》，载《环球法律评论》2018年第4期。

54. 丁晓东：《算法与歧视——从美国教育平权案看算法伦理与法律解释》，载《中外法学》2017年第6期。

55. 董保华、陈亚：《用人单位规章制度的法律性质及立法模式》，载董保华主编：《劳动合同研究》，中国劳动社会保障出版社 2005 年版。

56. 董保华：《〈劳动合同法〉的十大失衡与修法建议》，载《探索与争鸣》2016 年第 4 期。

57. 冯嘉林：《比例原则在用人单位单方面解约过程中的适用》，载《人民法院报》2006 年 6 月 21 日，第 B02 版。

58. 冯象：《国歌赋予自由》，载《北大法律评论》2014 年第 15 卷第 1 期。

59. 葛云松：《李珉诉朱晋华、李绍华悬赏广告酬金纠纷案评析》，载《北大法律评论》1998 年第 1 辑。

60. 龚雯、许志峰、王珂：《七问供给侧结构性改革——权威人士谈当前经济怎么看怎么干》，载《人民日报》2016 年 1 月 4 日，第 2 版。

61. 龚雯、许志峰、吴秋余：《开局首季问大势——权威人士谈当前中国经济》，载《人民日报》2016 年 5 月 9 日，第 1 版。

62. 龚雯、许志峰：《五问中国经济——权威人士谈当前经济形势》，载《人民日报》2015 年 5 月 25 日，第 2 版。

63. 古力：《美国失业人口情况简表》，载《世界知识》1981 年第 24 期。

64. 郭军：《关于对〈劳动合同法〉第四条规定的理解与建议》，载《劳动与社会保障》2008 年第 1 期。

65. 郭延军：《美国就业领域间接性别歧视的法律控制》，载《政治与法律》2013 年第 4 期。

66. 郝银钟、席作立：《宪政视角下的比例原则》，载《法商研究》2004 年第 6 期。

67. 胡凌：《平台视角中的人工智能法律责任》，载《交大法学》2019 年第 3 期。

68. 江溯：《人工智能作为刑事责任主体：基于刑法哲学的证立》，载《法制与社会发展》2021 年第 3 期。

69. 姜颖、李文沛：《试论比例原则在劳动合同解除中的应用》，载《河北法学》2012 年第 8 期。

70. 姜颖：《〈劳动合同法〉亟需客观准确的解读》，载《工人日报》2016 年 3 月 8 日，第 7 版。

71. 李静雅：《已育一孩职业女性的二孩生育意愿研究——基于生育效用感和再生育成本的实证分析》，载《妇女研究论丛》2017 年第 3 期。

72. 李克强：《在中国工会第十六次全国代表大会上的经济形势报告》，载《工人日报》2013 年 11 月 4 日，第 1 版。

73. 李娜：《守法作为一种个体性的选择——基于对建筑工人安全守法行为的实证研究》，载《思想战线》2015 年第 6 期。

74. 梁志文：《论算法排他权：破除算法偏见的路径选择》，载《政治与法律》2020 年第 8 期。

75. 林更盛：《论广义比例原则在解雇法上之适用》，载《中原财经法学》2000 年第 5 期。

76. 林嘉、丁广宇、夏先鹏：《和谐社会目标下劳动法的实践与发展——全国部分城市劳动争议审判实务研讨会综述》，载《人民司法》2005 年第 7 期。

77. 刘海东、刘亚男：《用人单位以违反规章制度为由与劳动者解除劳动合同的若干问题——邹某诉北京某面包公司违法解除劳动合同赔偿金案》，载朱江主编：《北京市第二中级人民法院经典案例分类精解·劳动争议卷》，法律出版社 2013 年版。

78. 刘庆宝、未良莉：《我国经济增长的源动力："三驾马车"对我国经济增长拉动作用的实证研究》，载《特区经济》2007 年第 12 期。

79. 刘权、应亮亮：《比例原则适用的跨学科审视与反思》，载《财经法学》2017 年第 5 期。

80. 刘友华：《算法偏见及其规制路径研究》，载《法学杂志》2019 年第 6 期。

81. 楼继伟：《中高速增长的可能性及实现途径》（2015 年 4 月 24 日在清华大学经济管理学院的演讲），http：//www. sem. tsinghua. edu. cn/news/xyywcn/TZ_ 69292. html。

82. 楼继伟：《中国经济最大潜力在于改革》，载《求是》2016 年第 1 期。

83. 罗智敏：《算法歧视的司法审查——意大利户户送有限责任公司算法歧视案评析》，载《交大法学》2021 年第 2 期。

84. 穆随心：《试论比例原则在惩戒解雇制度中的适用》，载《兰州学刊》2014 年第 1 期。

85. 牛元元：《法律辩弈：职场隐婚 VS 就业歧视——北京朝阳法院判决志荣维拓公司诉徐娜娜劳动争议案》，载《人民法院报》2014 年 5 月 1 日，第 6 版。

86. 潘峰：《论劳动者的劳务给付拒绝权》，载《社会法评论》2011 年第 5 卷。

87. 戚义明：《改革开放以来扩大内需战略方针的形成和发展》，载《党的文献》2009 年第 4 期。

88. 钱叶芳：《"社会法法域说"证成——大陆法系和英美法系融合的一个例证》，载《法学》2017 年第 4 期。

89. 秦晖：《权力、责任与宪政——关于政府"大小"问题的理论与历史考查》，载《社会科学论坛》2005 年第 2 期。

90. 邵克：《常凯：越是经济下行越要保障劳工利益》，载《民主与法制时报》2016 年 3 月 27 日，第 6 版。

91. 沈建峰：《劳动法作为特别私法：〈民法典〉制定背景下的劳动法定位》，载《中外法学》2017 年第 6 期。

92. 沈建峰：《劳动关系作为法律关系：兼论劳动法学研究的范式转换》，载《中国人力资源开发》2021 年第 4 期。

93. 沈建峰：《论用人单位劳动规章的制定模式与效力控制——基于对德国、日本和我国台湾地区的比较分析》，载《比较法研究》2016 年第 1 期。

94. 沈伟伟：《算法透明原则的迷思——算法规制理论的批判》，载《环球法律评论》2019 年第 6 期。

95. 宋健、周宇香：《全面两孩政策执行中生育成本的分担——基于国家、家庭和用人单位三方视角》，载《中国人民大学学报》2016 年第 6 期。

96. 粟瑜：《劳动关系从属性理论研究》，湖南大学 2016 年法学博士论文。

97. 孙国平：《英国行政法中的合理性原则与比例原则在劳动法上之适用——兼谈我国的相关实践》，载《环球法律评论》2011 年第 6 期。

98. 孙新强、孙凤举：《论英美法上的单诺合同和双诺合同——兼与杨祯教授商榷》，载《环球法律评论》2005 年第 5 期。

99. 唐震、吕长利：《行为禁令在商业秘密侵权诉讼中的适用——上海一中院裁定美国礼来公司等诉黄孟炜侵害技术秘密纠纷案》，载《人民法院报》2013 年 11 月 28 日，第 6 版。

100. 陶继侃：《战后美国经济增长速度及其前景估计》，载《世界经济》1979 年第 5 期。

101. 田思路：《远程劳动的制度发展及法律适用》，载《法学》2020 年第 5 期。

102. 田思路：《工业 4.0 时代的从属劳动论》，载《法学评论》2019 年第 1 期。

103. 屠育：《法院对于劳动者是否严重违反单位劳动纪律应如何进行审查——北京某置业公司与马某劳动争议案》，载北京市劳动和社会保障法学会编：《劳动合同、社会保险与人事争议疑难案例解析》，法律出版社 2009 年版。

104. 汪敏、黄昆：《全国劳动法与社会保障法学年会综述》，载《华东政法学院学报》2005 年第 5 期。

105. 王春业：《从特别权力关系到劳动关系——行政公务员全员聘任制改革的理论证成》，载《学术论坛》2013 年第 6 期。

106. 王飞：《事实劳动关系之探究》，载《法律适用》1999 年第 2 期。

107. 王健：《社交媒体中劳动者隐私权的法律保护——基于欧盟与我国司法实践的比较研究》，载《华中科技大学学报（哲学社会科学版）》2019 年第 4 期。

108. 王倩：《德国法中劳动关系的认定》，载《暨南学报（哲学社会科学版）》2017 年第 6 期。

109. 王全兴：《供给侧结构性改革中〈劳动合同法〉修改问题的思考——兼对财政部部长楼继伟“三批”〈劳动合同法〉的

回应》，载《工会理论研究》2016 年第 4 期。

110. 王天玉：《超越“劳动二分法”：平台用工法律调整的基本立场》，载《中国劳动关系学院学报》2020 年第 4 期。

111. 王天玉：《互联网平台用工的“类雇员”解释路径及其规范体系》，载《环球法律评论》2020 年第 3 期。

112. 王锡锌：《行政法上的正当期待保护原则述论》，载《东方法学》2009 年第 1 期。

113. 吴蔚：《美国经济增长方式分析》，载《世界经济》1999 年第 12 期。

114. 吴文芳、韦祎：《论劳动合同中的附随义务——兼评〈中华人民共和国劳动合同法（草案）〉的相关条款》，载《法商研究》2006 年第 4 期。

115. 肖竹：《劳动关系从属性认定标准的理论解释与体系构成》，载《法学》2021 年第 2 期。

116. 谢增毅：《劳动者个人信息保护的法律价值、基本原则及立法路径》，载《比较法研究》2021 年第 3 期。

117. 谢增毅：《劳动者社交媒体言论自由及其限制》，载《法学研究》2020 年第 4 期。

118. 新华社：《突出重点，兜牢底线，多措并举，在推动经济发展中促进就业稳定增加》，载《人民日报》2016 年 5 月 7 日，第 1 版。

119. 新华社：《中央经济工作会议在北京举行》，载《人民日报》2015年12月22日，第1版。

120. 徐琳：《人工智能推算技术中的平等权问题之探讨》，载《法学评论》2019年第3期。

121. 徐妍：《事实劳动关系基本问题探析》，载《当代法学》2003年第3期。

122. 许建宇：《劳动者忠实义务论》，载《清华法学》2014年第6期。

123. 阎天：《比较法研究的三重境界——以平等就业法为样本》，载《中国法律评论》2019年第6期。

124. 阎天：《供给侧结构性改革的劳动法内涵》，载《法学》2017年第2期。

125. 阎天：《就业歧视界定新论》，载《行政法论丛》2008年第11卷。

126. 阎天：《劳动关系概念：危机、坚守与重生》，载《中国法律评论》2018年第6期。

127. 阎天：《美国集体劳动关系法的兴衰——以工业民主为中心》，载《清华法学》2016年第2期。

128. 阎天：《重思中国反就业歧视法的当代兴起》，载《中外法学》2012年第3期。

129. 阎天：《重思中国劳动宪法的兴起》，载《中国法律评论》2019 年第 1 期。

130. 杨浩楠:《美国雇佣自由规则发展进程剖析及其启示》,载张仁善主编:《南京大学法律评论》2016 年秋季卷,法律出版社 2017 年版。

131. 伊卫风:《算法自动决策中的人为歧视及规制》,载《南大法学》2021 年第 3 期。

132. 袁洋:《人工智能的民事法律主体地位及民事责任问题研究》,载《中州学刊》2019 年第 8 期。

133. 张寒松:《用人单位的规章制度成为劳动合同的条款须经协商一致》,载北京市第一中级人民法院民一庭编著:《劳动法审判实务与典型案例评析》,中国检察出版社 2005 年版。

134. 赵鹏飞:《"国内挣钱国外花"究竟怪谁》,载《人民日报(海外版)》2013 年 1 月 28 日,第 2 版。

135. 郑智航、徐昭曦:《大数据时代算法歧视的法律规制与司法审查——以美国法律实践为例》,载《比较法研究》2019 年第 4 期。

136. 朱军:《论我国劳动规章制度的法律性质——"性质二分说"的提出与证成》,载《清华法学》2017 年第 3 期。

四、中文译文

137. [美] 艾伦·海德:《劳动法理念这回事:一则寓言》,

阎天译，载《社会法评论》2021 年第 7 卷。

138. ［美］小奥利弗·温德尔·霍姆斯：《法律的道路》，载［美］小奥利弗·温德尔·霍姆斯：《霍姆斯读本：论文与公共演讲选集》，刘思达译，上海三联书店 2009 年版。

五、英文专著

139. Bruce Ackerman, *We the People*, *Volume* 3: *The Civil Rights Revolution*, The Belknap Press of Harvard University Press, 2014.

140. Cynthia Estlund, *Regoverning the Workplace*: *From Self-Regulation to Co-Regulation*, Yale University Press, 2010.

141. Cynthia Estlund, *Working Together*: *How Workplace Bonds Strengthen a Diverse Democracy*, Oxford University Press, 2003.

142. Cynthia Estlund, *A New Deal forChina's Workers*?, Harvard University Press, 2017.

143. George Rutherglen, *Employment Discrimination Law*: *Visions of Equality in Theory and Doctrine* (3rd *ed.*), Foundation Press, 2010.

144. Ian Ayres & John Braithwaite, *Responsive Regulation*: *Transcending the Deregulation Debate*, Oxford University Press, 1992.

145. Jeffrey M. Hirsch, Paul M. Secunda & Richard A. Bales, *Understanding Employment Law* (2nd *ed.*), LexisNexis, 2013.

146. Julius G. Getman, *The Supreme Court on Unions: Why Labor Law is Failing American Workers*, ILR Press, 2016.

147. Katherine V. W. Stone, *From Widgets to Digits: Employment Regulation for the Changing Workplace*, Cambridge University Press, 2004.

148. Kenneth G. Dau-Schmidt, Robert N. Covington & Matthew W. Finkin, *Legal Protection for the Individual Employee* (4th *ed.*), West, 2011.

149. Nelson Lichtenstein, *State of the Union: A Century of American Labor* (*rev. ed.*), Princeton University Press, 2013.

150. Philip Dray, *There Is Power in a Union: The Epic Story of Labor in America*, Anchor Books, 2011.

151. Ralf Rogowski, *Reflexive Labour Law in the World Society*, Edward Elgar, 2013.

152. Samuel Estreicher & Gillian Lester, *Employment Law*, Foundation Press, 2008.

153. Samuel Estreicher & Matthew T. Bodie, *Labor Law*, Foundation Press, 2016.

154. Sidney A. Shapiro & Joseph P. Tomain, *Regulatory Law*

and Policy: *Cases and Materials* (3rd *ed.*), LexisNexis, 2003.

155. Steven L. Willborn, Stewart J. Schwab, John F. Burton Jr. & Gilliam L. L. Lester, *Employment Law*: *Cases and Materials* (4th *ed.*), LexisNexis, 2006.

156. Timothy P. Glynn, Rachel S. Arnow-Richman & Charles A. Sullivan, *Employment Law*: *Private Ordering and Its Limitations* (2nd *ed.*), Wolters Kluwer, 2011.

六、英文论文及其他文章

157. Alan Hyde, *What is Labour Law*?, in Guy Davidov & Brian Langille (eds.), Boundaries and Frontiers of Labour Law: Goals and Means in the Regulation of Work, Hart Publishing, 2006.

158. Andrew Elmore, *Collaborative Enforcement*, 10 Ne. U. L. Rev. 72 (2018).

159. Brett H. McDonnell, *From Duty and Disclosure to Power and Participation in Social Enterprise*, 70 Ala. L. Rev. 77 (2018).

160. Christopher P. Yost, *The Worker Adjustment and Retraining Notification Act of* 1988: *Advance Notice Required*?, 38 Cath. U. L. Rev. 675 (1989).

161. Cynthia Estlund, *Just the Facts*: *The Case for Workplace Transparency*, 63 Stan. L. Rev. 351 (2011).

162. Cynthia Estlund, *Rebuilding the Law of the Workplace in an Era of Self-Regulation*, 105 Colum. L. Rev. 319 (2005).

163. Cynthia Estlund, *Labor Law Reform Again? Reframing Labor Law as a Regulatory Project*, 16 N. Y. U. J. Legis. & Pub. Pol'y 383 (2013).

164. David J. Doorey, *A Model of Responsive Workplace Law*, 50 Osgoode Hall L. Rev. 47 (2012).

165. Edd Wilder-James, *What Is Big Data? An Introduction to the Big Data Landscape*, https://www.oreilly.com/radar/what-is-big-data/.

166. Eileen Boris, *Labor's Welfare State: Defining Workers, Constructing Citizens*, in Michael Grossberg & Christopher Tomlins (eds.), The Cambridge History of Law in America, Volume III: The Twentieth Century and After (1920—), Cambridge University Press, 2008.

167. Eliana LaFerrara, Alberto Chong & Suzanne Duryea, *Soap Operas and Fertility: Evidence from Brazil*, American Economic Journal: Applied Economics 2012, 4 (4).

168. Elizabeth J. Kennedy, *When the Shop Floor is in the Living Rooms: toward a Domestic Employment Relationship Theory*, 67 N. Y. U. Ann. Surv. Am. L. 643 (2012).

169. Elizabeth J. Kennedy & Michael B. Runnels, *Bringing New Governance Home: The Need for Regulation in the Domestic Workplace*, 81 U. M. K. C. L. Rev. 899 (2013).

170. Frank H. Easterbrook, *Book Review*, 90 J. Polit. Econ. 1300 (1982).

171. Guido Calabresi, *An Introduction to Legal Thought: Four Approaches to Law and to the Allocation of Body Parts*, 55 Stan. L. Rev. 2113 (2003).

172. Herbert R. Northrup, *The Rise and Demise of PATCO*, 37 Indus. & Labor Rel. Rev. 167 (1984).

173. Ian Ayres & Stewart Schwab, *The Employment Contract*, 8 Kan. J. L. & Pub. Pol'y 71 (1998).

174. Ignacio N. Cofone, *Algorithmic Discrimination Is an Information Problem*, 70 Hast. L J. 1389 (2019).

175. J. H. Verkerke, *The Story of Woolley v. Hoffmann-La Roche: Finding a Way to Enforce Employee Handbook Promises*, in Samuel Estreicher & Gillian Lester (eds.), Employment Law Stories, Foundation Press, 2007.

176. James M. Cline, *A Legal, Economic, and Normative Analysis of National Plant Closing Legislation*, 11 J. Legislation 348 (1984).

177. James Zou & Londa Schiebinger, *AI can be sexist and racist — it's time to make it fair*, 559 Nature 324 (2018).

178. Jedidiah J. Kroncke, *The False Hope of Union Democracy*, 39 U. Pa. J. Int'l L. 615 (2018).

179. Joan Flynn, *A Quiet Revolution at the Labor Board: The Transformation of the NLRB*, 1935—2000, 61 Ohio St. L. J. 1361 (2000).

180. Johanna L. Edelstein, *Intellectual Slavery: The Doctrine of Inevitable Disclosure of Trade Secrets*, 26 Golden Gate U. L Rev. 717 (1996).

181. Joseph A. Cipparone, *Advance Notice of Plant Closings: Toward National Legislation*, 14 J. Law Ref. 283 (1981).

182. K. N. Llewellyn, *Our Case-Law of Contract: Offer and Acceptance, II.*, 48 Yale L. J. 779 (1939).

183. Kate Andrias, *The New Labor Law*, 126 Yale L. J. 2 (2016).

184. Kenneth G. Dau-Schmidt, *Promoting Employee Voice in the American Economy: A Call for Comprehensive Reform*, 94 Marq. L. Rev. 765 (2011).

185. Kevin Kolben, *Dialogic Labor Regulation in the Global Supply Chain*, 36 Mich. J. Int'l L. 425 (2015).

186. Marc Cheong et al. （CIS & The Policy Lab, The University of Melbourne）, *Ethical Implications of AI Bias as a Result of Workforce Gender Imbalance* （*Final Report for UniBank*）, available at https://www.tmbank.com.au/-/media/unibank/about-us/member-news/report-ai-bias-as-a-result-of-workforce-gender-imbalance.ashx.

187. Matthew Dimick, *Labor Law, New Governance, and the Ghent System*, 90 N. C. L. Rev. 319 （2012）.

188. Matthew U. Scherer, Allan G. King & Marco N. Mrkonich, *Applying Old Rules to New Tools: Employment Discrimination Law in the Age of Algorithms*, 71 S. Cal. L. Rev. 449 （2019）.

189. Melvin A. Eisenberg, *Why There Is No Law of Relational Contracts*, 94 Nw. U. L. Rev. 805 （2000）.

190. Michele Floyd, *The Scope of Assistance for Dislocated Workers in the United States and the European Community: WARN and Directive* 75/129 *Compared*, 15 Fordham Int'l L. J. 436 （1992）.

191. Paul M. Secunda, *Book Review*, 64 Indus. & Lab. Rel. Rev. 203 （2010）.

192. Peter E. Millspaugh, *The Worker Dislocation Dilemma in the United States and Great Britain: Contrasting Legal Approaches*, 16 Ga. J. Int'l & Comp. L. 285 （1986）.

193. Peter H. Lindert, *U. S. Foreign Trade and Trade Policy in*

the Twentieth Century, in Stanley L. Engerman & Robert E. Gallman (eds.), The Cambridge Economic History of the United States, Volume III: The Twentieth Century, Cambridge University Press, 2000.

194. Philip J. Harter, *Book Review*, 67 Minn. L. Rev. 1065 (1983).

195. PwC People & Organization, *Artificial Intelligence in HR: a No-brainer*, https://www.pwc.at/de/publikationen/verschiedenes/artificial-intelligence-in-hr-a-no-brainer.pdf.

196. Richard W. McHugh, *Fair Warning or Foul? An Analysis of the Worker Adjustment and Retraining Notification (WARN) Act in Practice*, 14 Berkeley J. Emp. & Lab. L. 1 (1993).

197. Ronald J. Gilson, *The Legal Infrastructure of High Technology Industrial Districts: Silicon Valley, Route 128, and Covenants Not To Compete*, 74 N. Y. U. L. Rev. 575 (1999).

198. Samuel Estreicher, *Labor Law Reform in a World of Competitive Product Markets*, 69 Chi.-Kent L. Rev. 3 (1993).

199. Sean Cooney, *Making Chinese Labor Law Work: The Prospects for Regulatory Innovation in the People's Republic of China*, 30 Fordham Int'l L. J. 1050 (2007).

200. Stephen F. Befort, *Employee Handbooks and the Legal*

Effect of Disclaimers, 13 Indus. Rel. L. J. 326 (1991/1992).

201. The Editors of Encyclopaedia Britannica, *Algorithm*, https://www.britannica.com/science/algorithm.

202. The Electronic Privacy Information Center (EPIC), *In the Matter of HireVue, Inc., Complaint and Request for Investigation, Injunction, and Other Relief, submitted to the Federal Trade Commission* (*November* 6, 2019), available at https://epic.org/privacy/ftc/hirevue/EPIC_ FTC_ HireVue_ Complaint.pdf.

203. The Electronic Privacy Information Center (EPIC), *HireVue, Facing FTC Complaint from EPIC, Halts Use of Facial Recognition*, https://epic.org/2021/01/hirevue-facing-ftc-complaint-f.html.

204. Timothy P. Glynn, *Taking Self-Regulation Seriously: High-Ranking Officer Sanctions for Work-Law Violations*, 32 Berkeley J. Emp. & Lab. L. 279 (2011).

205. Vanessa Waldref, *Reagan's National Labor Relations Board: An Incomplete Revolution*, 15 Geo. J. Poverty Law & Pol'y 285 (2008).

206. W. David Slawson, *Unilateral Contracts of Employment: Does Contract Law Conflict with Public Policy?*, 10 Tex. Wesleyan L. Rev. 9 (2003).

七、英文判例

207. Asmus v. Pacific Bell, 999 P. 2d 71 (Cal. 2000).

208. Demasse v. ITT Corp., 984 P. 2d 1138 (Ariz. 1999).

209. Ricci v. DeStefano, 557 U. S. 557 (2009).

210. Sabin v. Yellow Transp., Inc., No. 04 C 193. (N. D. Ill. Jul. 31, 2006).

211. West Coast Hotel Co. v. Parrish, 300 U. S. 379 (1937).

212. Woolley v. Hoffman La Roche, 491 A. 2d 1257 (N. J. 1985).

后　记

本书正题“知向谁边”，语出毛泽东词《浪淘沙·北戴河》，是“不知道向何处去”之义。2013年初，我回母校北京大学法学院应聘，学院希望我把劳动法的研究做好。母校是认真的，我也是认真的。从那以后，“我的劳动法研究向何处去”这个问题，就时时萦绕在脑海中，带来了点滴的悲欣与焦虑，主宰了学术生涯的开端。大致说来，我尝试了四个研究方向：一是把劳动法与法社会学结合起来，讲述中国劳动法、特别是反就业歧视法的“变法”故事，从中抽取法律改革与社会改革的经验。主要的成果是博士学位论文《中国之回应型法律改革：以反就业歧视法为例》和专著《川上行舟：中国平等就业法引论》。二是把劳动法与法律史学结合起来，讲述美国劳动法学在法律现实主义与法律形式主义的“合题”之处诞生的故事，从中抽取学科发展的经验。主要成果是专著《美国劳动法学的诞生》。三是把劳动法与宪法学结合起来，以宪法关照劳动法上的“争点”和“盲点”，讲述中国劳动宪法伴随改革大潮而变迁的故事。主要成果是专著《如山如河：中国劳动宪法》。四是把劳动法与行政法学和政策研究结合起来，讲述中国劳动法在法律与政策之间游走前行的故事。主要成果就是本书。方向如此之多，既是兴趣使然，也表明“知向谁边”的问题尚无定论。书名是我与左亦鲁老师讨论得来的，他本想留给自己的作品，但还是慷慨地成全了本书。这断不是一餐高嘌呤的“羊围脖”能够报答的，我大约需要把下一本专著题献给他。就像阿克曼教授为《我们人民：民权革命》撰写的献词：“献给费斯：卓见、盛德、笃行”。

不过，这本书的献词，我要留给爱妻笑岑。正是笑岑给了我最为关键的启发，帮助我寻找到贯穿各章的线索，将本书从“文集”提升为“专著”。本书各章基本是按照写作时间顺序排列的。刚回国时，我尝试把劳动法的重大问题逐一理论化，建立一系列“中观理论”，再从中抽象出涵盖整个部门法的基本理论。做了两个问题（即第二章和第三章）之后，发现比例原则似乎是个通用的工具，但是工具背后的问题意识还很模糊。因为留学美国的经历，我受邀撰写了多篇涉及美国劳动法和中美比较的文章（即第四章至第六章）。经济政策对于劳动法的牵引作用令我印象深刻，法律与政策关系的主题呼之欲出，但是还没有捅破窗户纸。完成“临门一脚”的是关于新业态劳动关系的研究（即第七章和第八章）。这个领域的变化很快，而几乎每一点变化都是政策调整的结果。法律与政策的关系以前所未有的清晰方式扑入我的眼帘，促使我用这条线索反思全书的研究，乃至中国劳动法和劳动法学的整个发展历程（即绪论），终于豁然开朗。至于其他篇目（即第一章和第九章）则是顿悟后的余波了。

顿悟是笑岑带给我的。她在互联网大厂从事法务工作，自从相识就开始跟我谈业务，恋爱的时候也谈，结婚以后更是无日不谈。因为父母的缘故，我热爱工作，也喜欢聊工作，更熟悉一家人相互做“同行评议”的场景，所以总是和笑岑乐在其中。她是个聪明的姑娘，善于把复杂的问题简单而尖锐地呈现出来，再变成一段段故事讲给我听。上天垂怜，派她在生活上照料我、在学术上启发我，用一个个问题刺激我开动脑筋，直到本书问世。因为笑岑，生活和学术都有了享受的滋味——时时享受，天天享受，好好享受，多多享受！

在这本书的最后，我想和读者分享一段记忆犹新的学术经历。那是刚回国时，我曾经向张守文教授请教学问。老师谈了许多，我努力记在心里，回到办公室后总结成四句：

> 开新篇，不争论。走大路，专学术。
>
> 看历史，作比较。大平台，多学科。

我把这四句话打印出来，经常诵读，反复咀嚼。这是老师对

“知向谁边”的解答，我记下了，也照做了。做得肯定还不够，好在一辈子都是学生，一辈子都有请益和提升的机会。

各位师友、各位编辑、各位读者，谢谢你们，望善自珍重。

阎　天

2021 年 7 月 24 日

北京大学法学院